Rastrea la muerte el perro
Contra el oscuro enemigo
Federico Jimenez Asenjo

Colección Baños del Carmen

Federico Jiménez Asenjo

Rastrea la muerte el perro

Contra el oscuro enemigo

EDICIONES VITRUVIO
Colección Baños del Carmen,
nº 867

www.edicionesvitruvio.com

Primera edición, 2021

© Ediciones Vitruvio
C/ Menorca, nº 44
28009
Madrid
Teléfono: 91 573 21 86

ediciones vitruvio, nº 1. 462
ISBN: 978-84-124184-8-4
Depósito legal: M-26561-2021

Rastrea la muerte el perro
Contra el oscuro enemigo

Rastrea la muerte el perro

Caen,
sobre el rendido sueño horizontal,
árboles transversales.
Desprendidos peldaños de la escala
caen,
        como arrugas de una frente,
        recortado kilómetro,
la distancia repartida en sueltos tramos.

Ven,
imán desvelado,
a recoger pájaros dispersos,
que rodaron.

Ven,
sarta de los antiguos ojos
que un día vieron,
habitan hoy en paisajes olvidados.

Ondulan en badenes de regreso
las troceadas orugas,
los trenes despiezados.

Vagones e intestinos
a vías muertas se retiran,
los raíles condenados.

Tengo tristeza
en forma de ti
y tu estampida,
tu polvareda de luz
vistiendo de efímera boda
y estrella la lejanía.

Allí donde no llega la mano
tu mano se deshace,
buscando diademas de pájaros guirnaldas
evanescentes ya,
tiaras del arcoíris de la pena,
diademas de la desdicha.

Tengo desolación de vacíos,
desistimiento del día.

Donde estuviste el tiempo crece,
personas toman asiento,
luego se levantan.
Yo me quedo,
considerando la ausencia que dejan en las sillas.

Quedaré contigo,
dentro de los espacios,
en el rincón que tú digas.

Donde el nudo es reversible,
desentrañable la maestra curva envolvedora,
en el enésimo vértice del ilimitable fractal
florido,
la infinita sierra con sus dientes de amor,
la recurrente llaga mil veces infligida.

Quedaré contigo donde quedé,
espejo de los espejos,
tesela de teselas,
caleidoscopia infinita,
allí donde el regreso con el comienzo se engrana,
la maquinaria produce,
hiperbólica,
vórtice de proyecciones repetidas.

Quedaré contigo en lo inane y lo voluble,
donde la realidad es,
deja de ser y reincide,
cristal de los cristales,
y no hay sitio de los sitios,
el gran hueco,
y el estar sin estar se hace posible.

Ay,
amor mío no estado,
no habido,
en el aire que pasa y no se queda,
pelotas de colores corren,
botan,
traen detrás y arrastran,
ristra de risas,
las piernas aún alegres de los niños.

Amor que no halló sustancia,
ni resquicio en los momentos,
yo te visitaba,
habitante de las playas,
resplandor de trasatlánticos que brillan,
transoñados,
a lo lejos.

A veces sonreí,
trago en la mano,
en la apacible terraza de los céspedes,
las lomas,
mi corazón como burbuja
entregándose a los cielos.

Dos días de juventud ayer.
Dos días de tu largo juego,
jovial ballena saltadora
de la precipitada muerte,
y mar sin costa.

Varado seas en la buena playa,
de los benignos hombres vuelvepiedras,
ostreros,
rezagados por siempre y sin apremio,
calcáreos,
eternos.

Días de la apresurada juventud ayer,
acotada.

Sea la espuma en boca,
la frente que yace
en un vaivén persignador de ondas
y de algas.

Casa sola erguida que mira a las estrellas,
casa miradora,
casa que vuela atada,
casa de los cabos,
casa de las argollas.

Casa que mira,
muda,
telescópica.

Casa del ala recogida bajo la lluvia,
paraguas clausurado,
casa de las buhardillas abiertas,
casa que mira,
soñadora.

Hermoso el valle de los muertos
donde las alegrías yacen,
de agreste soledad arroyos nacen
que verde tornan el desierto
circundante,
y sonriente huerto.

Allí la gloria y flor y diente
que ocupara fruto y beso,
allí la carne y dulce exceso
que pasó,
clara corriente riega el hueso hoy,
baña la frente.

Amplia la falda de la madre
aventa el aire transparente,
y alienta en soplo infatigable el vientre
del silencio la voz del padre
providente,
onda insondable.

I

Cuerpo de luz velada,
tamizada,
sobre sopor de lagarto que ya asciende.

Sobre el verde escudo craneal fosilizado,
la mosca,
invidente,

la trompa introduce en nebulosa
de blanda apagación,
oscuridad dudosamente enciende.

II

Licor de opaca luz,
translúcida,
la trompa de absorción bebe,
sabor de la oscura mora madurada,
pulpa difusa.

Ven a mí y a mis esófagos tú,
la crema y masa,
la tibia,

ven a estos tractos ocultos
y lubrica,
          calma,
                    tú,
flor de las maceraciones,
blanda papilla.

Si tú has visto el filo de la luz,
sin roturas,
con tu ojo de las persianas
incólumes,
si tú las hiedras absolutas,
en sangre y en vigilia.

Si tú,
con las retinas,
hiciste el juego,
fuiste el amo,
como los gatos de la frontera hora,
del doble alero,
cuando lo había.

Si ibas tú echando el cierre,
si en la corola de la noche te metías
para abrir,
inmenso,
con la herida de lo que nace,
el nuevo día.

enero 2020

Daño te haré yo en los días del mal,
cuando es la vida antituya,
y en misiles se dirige al corazón
despiadada,
            corrosiva,
y acertada en todo ojo hinca la puya.

A los días de la destrucción
de mí ametrallado,
descorazonador
es mi paso de brújula explosiva,
que las minas planta,
hace estallar la entraña en mil esquirlas.

Daño yo te haré en días de disolución,
mi compañero impenetrable,
impenetrado va mi sino y norte
ya sin dueño y sin dominio,
nunca lo tuvo,
yo siempre al aire fui,
desmerecido.

Días de la disposición y el estallido,
a roerme voy las venas y raigón,
donde empecé,
desarrancarme es hoy mi razón
y tarea sin sentido,
todo yo revuelto manicomio,
loco de afán,
de voces y de gritos.

En el momento raro,
aquí,
    contigo,
guatada es la memoria,
mórbido el traslúcido subsuelo
marsupio,
        submarino,
            subacuático.

Yo de ti vengo,
el burbujear cetáceo,
manatí,
        manantial,
            imaginario.

De ti manan mis mamas anticuario,
y efluyo todo yo efusivo,
efervescente,
festejo soy de géiser y espiráculo.

Días del mundo en círculo,
días de la redonda obligación
que tú incumples y reviertes,
cernido borracho desobediente,
devanador de sueños y de ovillos.

Niño grande de mayores tiovivos,
meteoro de ruedas y estropicios,
qué accidente no te arrastrará,
hélice de furia y gravedades,
a un regazo de rosas y de abismos.

Ay, secreto en flor,
gusano tímido
del prieto capullo recogido,
todo tú centro y ojo entimismado,
todo arrojado a inversos remolinos,
adónde vas,
falso durmiente,
despierto y descarnado a los periplos.

Como a asidero,
como los locos suben y bajan
en los eternos ascensores,
yo a los ángeles quebrados
de tus ojos correré,
todo yo sin alas y hacia abajo,
como a sótanos,
por si viera en tu mirada
ya apagada los raíles sin retorno,
el antiguo cataclismo en la maleza,
la gloria de la brecha y los destrozos.

17 de enero

No me digas no,
labio,
        niño,
            veneno.

No me des esa mano pura
de la braga iluminada
en los alberos,
ay,
        arcilla y carne,
no me mandes tú a morir
de ala
a los esteros.

Ven cigüeña y aire de espadañas
a esta torre,
ven,
        juncal,
el sapo absorto,
ven a mi abdomen de esperanza,
desanudado el ombligo,
los huevos derrochados sobre el lodo,
ay,
dulce boca sin palabra de los cienos.

Qué mapa es éste,
ciego.
Qué sin rutas ni ciudades,
y adónde el mar sin río.
Qué montes que no otean ni se alzan,
caminos que no van,
no llegan,
qué mapa es de mí sin pozo,
y quién lo borró,
mudo puntero.

Yip de las exploraciones,
encuéntrame.
Rescátame,
gentil lanróver.
Ven, mano
que las arenas desgrana,
dorada joya que se mueve,
áspid,
    lengua,
            toca,
                  ten,
yo soy tu piedra ignota,
yo soy tu herida vibrante
y luz,
aciértame,
salgamos a habitar la frente rota.

Mi amor es pesado,
laxo y apaisado,
y espeso.
Vasto y derramado,
y sin objeto.

Éste es mi amor,
la plana boda de la charca remansada
y el charco quieto.
Ambos opacos,
turbios ambos e invadidos de verdín,
ovas y huevos.

Éste es mi amor,
lábil como el lución rompible
que se escapa,
inaprensible y ciego.

Mi amor es descerebrado
y transido,
absorto como de moscas,
estultamente boquiabierto.

Dónde estás,
pajarito que pía,
púa que púa,
de punta en punta de las pitas.

Dónde el ala que aletea
sin aliento,
sin descanso,
y en la sombra enciende chiribitas.

Pajarito malo,
pajarito del falso suceder
que me llama
y me cita:

Ven, ven,
ven, ven,
y cuando voy,
un sí es no es se me escapa entre las cintas.

Oración

No me digas hoy lo frío y lo duro,
lo que raspa,
desbasta,
desnuda.

No me digas hoy,
de la verdad,
la parte oculta,
la que sospecho y repudio,
la despiadada,
la amarga,
la injusta.

No me digas del páramo obligado
el recio viento que intuyo.
Soy tierno,
frágil,
tú eres dios,
señor del junco en la laguna.

Concede,
porque puedes,
el silbido que cura
la llaga desollada,
la emponzoñada pus,
la doliente encarnadura.

Ven a mis brazos,
gran memoria aparecida de la niebla,
y ampútalos.

Todo lo que estrecharon,
todo lo que abarcaron,
gran memoria de la niebla,
ampútalo.

Desgrana,
dispersa,
saca de la conejera los gazapos
muertos
y derrámalos por la inconsciente tierra.

Revierte los estómagos,
expón la entraña estulta y estupor,
trágatelo.

Ven aquí,
gran niebla,
ven al mondo presente vestido de pasado
y retira los anclajes,

déjalo solo,
trágatelo.

Éste es el cuerpo de Cristo,
el de la grata hechura,
la justa carne,
ligero y magro.

Los necesarios apliques,
pezones emparejados,
y aquello que ha de sobresalir,
colgar,
dispuesto en los enclaves acertados.

El faldellín del pendejo,
la doble cortinilla que viste,
liviana,
los sobacos.

Todo esto ponderado,
la espiguilla que surte del ombligo
y hiende el vientre en leve trazo.

La cintura fina y el hombro ancho,
la espalda hermosa y territorio
que el ala no encontró,
y halló el látigo.

La airosa nalga,
el culo prieto,
este pescuezo sin yugo ni mando,
tralla y metralla
rasgan el cuero
y santa triza,
ay, niño mío,
cuerpo de Cristo desterrado.

Salimos a la caza de noche,
porque estaba el ciervo alto,
noche estrellada de los gamos.
Allí fuimos, por los espliegos,
la frente luna,
todo el sueño desvelado.

Salimos a los ríos,
a hollar el vado
con pie descalzo.
Por la cañada íbamos,
el calcañar desnudo,
que lo arañara el cardo.

A vadear,
romper el agua quieta,
quebrar el lago
de la secreta onda,
dulce intemperie,
la sangre al raso.

A la caza salimos la noche
de los ciervos,
cuando el mundo es apagado.
Candil la cuerna
en llama iluminaba
un cielo de cirios incendiados.

Levanté la mano como un mundo levanta una estrella,
como iza la gran grúa lo inconmensurable
y lo pesado,
la gran bola,
la brea de plomos y cetáceos

negra,
la cadena de hierro de los siglos
convertida en larguísimo engranaje de trenes y gusanos,
redondo y tubular como conductos digestivos
ciegos
de oscuros trombos obturados.

Allí levanté yo el mundo aquella noche
sin estrella,
como el cuerpo del herido alza la mano.

Dolor tiene tu forma,
mi mansa huida,
hueco de lo que ocupaste queda,
te vas como se abre la herida.

Un viento solo,
sin pareja ni yermo ni cuadrilla,
un viento de vida sin aliento
entre las yeguas,
luz de lluvia
se azota abanderada en estampida.

Una roca dolida de la grieta,
de piedra es la mirada
que al llano baja,
una piedra dura y desolada,
las cumbres todas son sin compañía.

Del fuego

I

Rubio arde el mar de los incendios,
encrespa la ola el hacho de los dedos,
barquichuela de breas y petróleos,
la llama de la lengua atiza el fuego.

Bomberito de campos azabaches,
el labio hoza en las tripas del rescoldo,
busca acaso el ascua que aún late
enterrada viva bajo el polvo.

Va la boca de la sed, toda ansia y hambre,
hurgando en las cenizas con el morro,
sea yesca que crepita el rizo vello,
Fahrenheit rojo el diente que lo abrase.

II

En la caricia que te inventes,
después del dedo,
pon,
con las creaciones,
aquel olvido que ya trae el primer fuego.

Tú de las diademas incendiadas,
tú de la flamígera corona
y tiara ardiente,
con la explosiva perla arrastra ya
la ignición que acompaña a los despechos.

Ahora que en la anterior nada
ya amagas y rebulles,
flor de la ecuación que surte alucinada,
duéleme de la joven saeta de los muertos.

Ven, con flecha, huevo y daga,
ven, alfanje filosamente hambriento,
ven, mi guillotina y hoja de alma
hendida,
furiosamente enllamarada al punto ciego.

Adónde vas de los cayados,
adónde,
el borde bordeando,
los perfiles tiernamente perfilando,
de la herida en precipicio vertical,
inmune al vértigo.

Tú,
mi leve acróbata en vilo
que la carpa hiende en vuelo intrépido,
qué circo no te aclamará,
perplejo,
cuando a plomo a todos nos aciertes en un ojo
de niña anonadada,
clavado el descalabro en la médula del nervio.

Niño de pájaros,
pezón de leche,
blanda vaguada
donde el mundo duerma,
y yo me eche.

A los sueños venga en hatos
vencidos,
tiernas gavillas y me tienda,
allí yo olvide y desentienda,
contra vientos desabridos me pertreche.

Niños do alumiñare,
bicos de leite,
tenro o colo ceda
onde te adurmas,
e eu me deite.

Neno de acalugares,
vimbio de berces,
quente o acougo sexa,
ollo pechado,
doce esquencere.

Cuadernos de Lov y de Luv

I

Lov no estaba,
porque se hallaba en la ausencia,
y allí viajaba,
con su vida y glóbulo.

Luv el de la venda lo buscaba,
y la burbuja del silencio,
allí estaba lo verde y lo callado,
todo redondo,
y allí el amor,
en el viso mate de los huevos.

Luv del viaje,
del nunca haber llegado Lov
en batiscafos,
qué par de nadas en la nada
flotante de algún seno,
siempre a medio atisbar,
medio cuajar siempre,
y a lo lejos.

Ay, campo de los endrinos,
campo esponjado,
campo inmaculado,
campo liviano del ralo pino.

Allá el alto monte que no ve
ni piensa,
el ojo de retamas,
todo el cerebro absorto,
nevado,
la idea espina.

Campo de los espinos
como frente,
campo del vuelo helado,
recién hecho está el trino como pan,
el canto en el silencio se desmiga.

Ya viene,
rígida y luminosa,
quebradamente cruje el paso nunca oído,
así es la vida deslumbrante en las alturas,
nueva y sola de agujas y de risas.

Dame niño muerto,
que lo entierre y cuide,
que lo desentierre
lleno de risas y alborozos,
que brille calcinado,
vibrante de arcoíris y abejorros.

Dame con la lluvia el tierno arroyo
que no corre,
    porque es tímido,
    el detenido,
dame el dique de la lágrima,
allí mueren sonrientes los sollozos.

Dame el reflejo de tu habida luz
en los azogues romos.
Allí mi ojo habita,
anida allí,
grano de arroz
        y fécula roída,
el terco secreto del gorgojo.

Yo no sé,
consciencia mía,
de tu tallo y alerta
alarmada que germina.

Yo no sé,
el obturado,
de tu luz y gran ventana
que ilumina.

Soy yo un tejido de tijeras,
soy yo un párpado apartado,
soy yo lo que no cortes,
                rasgues,
                        abras,
mi día es el sin soles,
y a la noche llego rutilante
de tajos sin piedad,
hermosamente hermético,
prieto de llaves y de embriones.

Miro a la ventana que me mira,
veo los tiestos.
Qué ve en mí,
si ya la edad que ha pasado,
entera,
si sólo ve este momento.

A la ventana impávida y cristal,
y qué hay dentro.
Y ella qué ve,
la ciega,
si mi paso juvenil,
que ha sido,
si este lento aguardar en que me encuentro.

Miro,
nos vemos.
Miro más,
choco, inane, con el reflejo.
Quién eres, le digo, no te conozco.
Quién soy, responde, mudo y simétrico.

Cuando se hace lo próximo remoto,
Cuando lo propio se aleja,
se vuelve ajeno.

Ya nadie,
ven a los aljibes,
a las ojivas,
a las cisternas.

Ven al barro cocido
que al sol huele,
al brocal de los cegados pozos
ven, verde persiana,
al amor de las higueras.

Ven sin párpado,
sin mano
al aplastado higo,
ven,
        ojo cerrado,
a un dulzor de madreselvas.

Todo luz es mi barrio,
rebaño todo que fluye,
en lo alto del cerro
sin pájaros ni oído
hay una iglesia.

Estate aquí,
donde la cerca,
donde baja la loma a los arroyos,
donde quedan todavía,
curadoras de heridas,
balsámicas,
mujeres con pañuelo.

Ven a estar,

la luz es quieta como el tiempo,
ven a que nada se mueva,
tú y yo somos campanas
que piensan el silencio.

Éste es mi barrio hoy,
y siesta traqueteante de tranvías.
Balan ovejas trashumantes
sin pastor,
locas de lana,
que llaman al cordero.

Las tapias de mi barrio
son de barro y cal,
los labios de jazmín
y de mortero.

Simular que vienes,
días anteriores al niño
que escalará en enero escombros humeantes,
cuando está la escarcha por cuajar
y el cuervo aún no es negro.

Del tallo tronchado de la cala
fluye el agua
verde de una lágrima sin dueño,
el jardín no conoce la alegría
ni la pena,
toda flor es puro anonimato.

Simular que es aún posible verte
sin cristales,
                        sin burbuja,
                                    sin mampara,
así sea en la esquina de un sueño
esmerilado.

Cogerá el niño la santa piedra
del oxígeno
y la arrojará a las tráqueas,
todo el destrozo invernadero,
el invernadero un descalabro de pájaros y gritos.

A veces,
cuando como perro me visitabas,
olfateabas mi pérdida y disminución.

Entonces me prestabas los ojos,
el ladrido,
la cópula.
Me decías: ¡Corre a jugar!
y te quedabas,
guardián,
con mi cráneo,
como la muerte custodia,
en una casa que se extingue,
la última habitación.

Después,
perro de las virtudes,
perro fumigatorio,
                flagelo,
                    flamígero,
a mi alrededor matabas,
como si aún todo tuviera remedio,
la fundamental bacteria,
el virus giratorio,
el sentido animadverso,
la contraria creación.

Con las tijeras de hacer la vida
venía el alba por los perfiles,
vertiendo luces,
sorbiendo sombras
con hoja fina.

Ojo de la predicción en vilo
de la urraca matutina,
grazna la bisagra del día
la agria raja,
un engranaje rasca de grúas frías.

Bostezo de las almohadas
me arroja al paso de los tranvías.
Faroles que se apagan,
troles se erizan,
cables de los contactos me encienden
de un hierro de sirenas y de chispas.

Yo te diré,
gato quieto que me mira,
detenido descenso de la araña,
el previo momento
del que no tenéis noticia,
la génesis del espacio leve que ocupáis,
si sois,
liviano iris que el embrión tiembla
y se agita,
luz de lo negro,
rayo delgado en vertical
ya,
que nadie habita

aún.
Yo los huecos dispondré mañana,
donde nos encontremos los tres,
cada uno en su cuna y propio asombro,
éste la joya fútil,
éste el efímero destello,
éste la inane maravilla.

23 de enero

Saco a la madre del útero
en que se halla,
viene con hijos arrastrados,
trae,
junto con carne y el despojo,
la cesta cargada de la vida.

Viene con sangre y el eterno labio,
la muy mamífera,
diciendo,
aflora con jardines,
en el delantal de doler y de mancharse
lleva celindas.

Saco a la madre de los motores y garajes,
de los talleres,
allí viene toda manando los aceites,
toda neumático,
moderna y monoaural,
aplastando los claveles.

Saco a mi madre de las nalgas,
saco de la tierra hincada
las vías y rieles,
los raíles,
allí la lluvia horada,
con fórceps talla a mi madre de la leche.

Con tropas viene,
con la mama de la flor,
roce de ortiga,
en vespas y con aire
de los padres viene,

arrebolada de los vientos,
toda una risa,
los cinco dedos de su signo
marcados en las sienes.

Un dolor grueso,
largo y pesado,
como saurio.

Un dolor envuelto en su huevo
y letargo,
como el ojo.

Así me mirabas tú,
todavía en sueño,
un cordón umbilical enroscado al cuello,
mi buen suicidio.

Susurrando palabritas de burbuja,
como el tiempo se abre paso entre las ovas
verdes,
cimbreantes,
en los vientres palpitantes del pantano.

Un dolor de arrancados marsupios,
de regazos desgarrados,
un dolor de cachorros sin útero,
y de úteros raspados.

Tú me lamías todo el juego entero,
como si ya fueras mayor,
entre los grandes tiestos criptógamos.

Todo el calor del terrazo hirviente
en el núbil párpado me derramabas,
sacerdotisa de la infancia,
toda verano.

Toda braga y futuro,
la tripa imberbe de la hora
redonda como la quebrable loza
repasabas,
ay,
toda vidriada y pulida,
mi verde cerámica.

Qué adivinabas ya,
mi convocatriz.
El tallo enjuto,
la ardiente llama,
el triste fuego.

Cuidado,
niño de los bólidos,
vestido de alas y patines,
mensajero de la brecha,
acróbata de aceras,
funámbulo de quicios.

Cuidado,
la frente entera,
vértigo íntegro,
un tren de descarrilamientos
festejas sobre abismos.

Así fulguran
los fulmares del adiós,
flotando en el vacío.

Éste es mi mar y espacio,
un enjambre inhilvanable
de júbilos heridos.

Polvo de ti en ráfagas viene,
montado en el sol,
abriendo ventanas.

Polvo de la llanura inmensa,
molino de los vientos,
vórtice de ti en el ojo de las aguas.

Viene de ti la hélice
y ala,
estambre que al aire va,

vuela el vilano,
¡Ay, vilano, gavilán, giro
de un cielo de ti en las guadañas!

Torbellinos de luz
y exhalación
en filo de la hoz muerden bisagras.

En esta noche de súbitas interrupciones
te imagino como un alto dolor hermoso
en las paredes,
estampado y creciente,
móvil,
y un explayado reptil
en las sinuosidades del suelo inconsistente,
sombra de ailantos viva,
así te hace mi desvelo intermitente,
así la luz semidivina,
fatua,
de la farola que rebana la persiana.

Ésta es mi calle,
éste es mi sueño roto,
son estas las cáscaras dispersas
de la palabra tuya,
todo ovípara de besos,
que fue entera,
tartamuda de promesas abortadas.

Ésta es tu boca cloaca,
ésta es mi víscera tuya,
multicéfala,
esta es mi sien de ti,
mil veces loca y descalabrada.

Lo que yo acerté a decir en esa noche celebrada
fue espeso,
          viscoso
como gran pene rollizo que sudara,
grueso,
        perezoso.

Así mis palabras de antediluviano semen
tibia,
    plena,
       lacustremente mórbido.

Así mi arrastrarme ápodo,
todo yo un rastro de ganas y de ofidios
en busca de la luz y de los ojos.

El párpado que finalmente conseguí alzar
todo te dijo,
mi alma de lavas apagadas,
mi ternura antigua de vulvas
acolchadas y calostros.

Dónde estás,
hermana del asesinato,
la risueña,
dónde,
de mi embriaguez suicida de hiedras,
del mocho ailanto que en la ingle se clavará,
alevoso,
en qué peldaño.

Del mocho ailanto,
de la pelada vara y desbastada,
de la aguzada punta
al corazón en qué intestino,
en qué cornada de abdómenes,
entraña de los desgarros.

Dónde,
glauca,
            rara,
de la sabiduría sin cerebro,
vegetal, tú,
la decapable alcachofa cerrada
que se abre,
bífida,
        gorgona,
coronada toda de bocas y tentáculos.

Ya voy,
ya voy,
niño reloj,
niño tictac,
voy corriendo por la aguja
de la inopia.

Ya voy,
niño apremio,
niño cita,
niño convocatoria,
campanadas se apresuran
por los ecos sin memoria.

Ya voy,
ya voy,
mucho me apuran,
mucho me agobian,
las lúcidas espadas
afiladas de las horas.

No me digas eso,
que es amargo,

hoy,
cuando es todo mi conocimiento un rastro
y dulce tiemblo de jazmines.

Suspiraban así los enamorados jóvenes
aquella tarde,
la saliva un hervor blando
y apagado de resignado límite.

Mano, latido, cintura.

Mi vientre por tu calor viajaba
como el limaco
por la invidente vinca satinada
que los rincones del silencio viste.

Hiedra soy sin ojo,
y la inconsciente higuera,
toda ella lengua de higos aplastados,
el hálito un vaho empalagoso
de ombligos infantiles.

Ya muero,
ya voy,
qué prisa tienes,
ya contigo a los bordes
y terrazas,
ya al filo de las noches
que adoramos,
ya al tajo seco de la espada.

Ya voy,
gema que duele,
espera,
tú,
prendida faceta de los cielos embarcada
en astros y cometas,
luminiscente y extinta,
todo halo,
todo aura.

Aguarda tú en los pretiles,
déjame un momento en los quicios
y atalayas,
que aún mire,
que aún recuerde los perfiles que he amado,
las canciones que me embriagan.

Yo y tú,
la linterna y brújula,
mi amor,
vasto país en pantalones cortos.

Tú y yo de las anacondas,
todo yo el gran mundo ilustrado,
el gran cromo,
te citaré a solas,
sólo yo,
        yo solo,
en mi jardín de rincones y de ñúes,
mi corazón zambeze
y mis sueños orinocos.

Todo yo la mariposa que no hay,
todo yo el gran insospechado,
vida y color,
tras la monzónica lluvia
sempiternamente ignoto.

Las águilas de la vida,
las águilas en el cenit,
en enero todavía,
veían ellas febrero
arriba,
todo torbellino,
corona y cima,
ellas en la diadema y fin
de la retama y hielo,
donde el cervato muere
de transición,
y es el cabritillo que pasa
ensartado en un témpano
glacial
en pleno salto entre cornisas.

Tu sudor me lo decía:
Yo te quiero.

Todo el verano y África,
todo él vertido e inevitable,
como los mundos han sido
y sus historias,
todo el sentido y ojo de la gloria
pelo,
poro y sobaco.

Tu olor a química herida y dolida
bacteria enardecida
así decía:

Estrella mía de la tierra,
óxido acertado,
de tu tripa extraeré yo mi pérdida
y vértigo,
y un exceso de extravíos necesario.

En mi diario de la luz,
tú eres el día oscuro que yo quiero.
Pone:
"Día de los sinsabores,
el dulce negro."

Día del rayo que rebotando va,
de chispa en chispa
por un mar de jambas y excepciones,
gentil eslálom.

Pone:
"Me ha hecho daño,
me causa fuego."

Día de las calcinaciones.
A tus quiebros afilados voy,
toda la garganta en quilla,
tráquea de mascarones.

"Una proa de naufragios,
día de la luz",
pongo.

Éste es mi restablecimiento,
un desgarro de escollos y espolones.

Cencerros cuelgan de los árboles,
frutos de aviso,
panzudos,
descarados,
que ya te anuncian.

Tú en los jabalíes aún hozando,
rozando el glande verde,
sumiso aún de jugos,
dolido de los prados
y de enjundias.

Cargado el cielo está de tus pistilos,
y pende de la vencida rama,
botijo suculento,
odre oneroso,
un gran ovario que supura.

Allí van,
hambrientos de testículo
al escroto,
los jóvenes rayones del abdomen,
destripando de la tierra la gran trufa.

Nadie te tocará la rotura grande
hoy,
día del quicio y la bisagra,
nadie por tu aliento pasará
el filo roto de la espada.

Nadie ya andará,
parado en los semáforos,
en esta quietud santa.

Vastos recorreremos las calles detenidas,
inmensa es la avenida de la suerte,
barritan autobuses un gozo exasperado
de extintos elefantes en sabanas.

Nadie te quitará la fiesta hoy,
ni te hurtará la fiebre.
Nadie nos robará los sudores de la gloria
en rato enfermo.
Afortunados son los jardines de la umbría,
blancamente prohibido
lo que a su sombra pasa.

¿Eras tú,
rumor de lagartija en la retama,
cepo,
trampa?

¿Era tu resolución de los quebrantos
como piedra,
zagalillo de la onda
que la frente estampa,

sien de flores,
sangre que a la primavera va,
hielo de luz,
diente de escarcha?

¿Era la predicción de ti
y barrunto,
que por la tierra sube
en bulbos desgarrados convocada?

Ay, brote del silencio azul
en las alturas solas,
trépano de un seno liberado,
parto de cristal que hiende la montaña.

febrero 2020

Salva estaba la tierra,
sin la vida,
salva la salud,
sin aquella sangre loca
que bullía.

En los apartados,
allí donde el descampado
se entiende a solas con los niños,
un ailanto fustiga el cielo,
la corva se enamora de la ortiga.

Rastrea la muerte el perro
en desmontes encendidos,
busca donde el arroyo vio la luz,
atarjeas del corazón encuentra,
a mordiscos de amor rasga y destripa.

Los niños gratis en la tienda regalada,
la boca abría el riente cocodrilo
inútil,
los dientes aturdidos en hilera,
el ojo joya,
la boca en babia.

Quieta laguna,
marisma rasa,
zumbido del único mosquito remanente
en vela solitaria,
qué se hizo de la lluvia,
y de la hora que pasaba.

Cuelgan pendientes los niños de alta rama,
el sueño grávido.
Preñada aguarda la corriente impávida,
apaisada,
el vientre floreciente de un hambre de nenúfares
tendido y preparado,
como vulva de amor flota en el agua.

El dedo que por el cráneo
resbala descubre el marfil,
la cal,
no encuentra el ojo.

El dedo que halla la cerviz,
dedo de nucas,
el dedo en occipucios se refugia,

hurga la yema el seso,
gema es inescrutable
el hueso mondo.

Mi amor sin labio,
ceja de la aventura
que el tacto surca,
romo,

chispa de un mutuo pedernal
que brilla en los rastrojos.

Saldrán los exploradores a la nada,
la ubérrima.
Allí los altos minerales,
allí la hilera de acacias temblorosa,
quimera de una lluvia en abedules.

Allí los montes de la faceta refulgente,
que el sol ausente
talla e incendia,
dulce fomento consuela de las nubes.

Saldrán los exploradores a quemarse
en la brasa de la nada que sonríe.

Qué buena hoguera,
que todo lo comprueba,
lo confirma
y lo consume.

Lo veo,
pupila esmerilada,
sin necesidad de tu velada luz,
que nada atisba,
desentraña,
que no ilumina.

Sin filo es tu diente que no rasga,
hiende,
a ti esta carne indecisa se tiende,
hambre que no raja,
roma gana es tu cuchilla.

Como desierto hermoso te vi,
en gran explayamiento y confín
que a los infinitos se iba.
Como inagotable vastedad,
rasa,
que todo mundo y pozo permitía.

Tú vibrabas,
así es la vanidad,
señuelo que titila.
Yo tenía sed,
y era creyente,
qué pronto al rumor de las aguas sucumbía.

Cuadernos de Lov y Luv

II

Lov dónde estaba,
que se escondía.
Éste es el juego del sol
y de la luz,
que Luv veía ahora,
luego perdía.

A las trasnoches Lov,
con catalejos de la pesquisa.

Al semialba Luv de embarcaciones rasas,
poza somera,
la red profunda.

Dame el dolor del faro ardiente en la pupila,
en mitad del pecho abierto el tajo de la quilla.

Lov dónde estaba,
sino encontrándose.

Encontrándose de Luv estaba,
Luv de las linternas,
del escandallo Luv,
turbio radar
que por el estupor venía.

III

Luv de los días,
Lov de las flores,
este es mi país oriental,
de los jardines,
nada existe,
nada mana ni fluye.

Este es el pozo de la imaginación
que el alma destruye,
aguas emponzoñadas,
enorme sapo lo atranca y tupe.

Luv del agobio,
Lov del apuro,
traqueostomías de la blanca flor
convocada
a la garganta acuden.

Seré sabio,
luego,
cuando todo engaño haya sido aceptado
y digerido.

Cuando mío sea el camino errado
y los hueros kilómetros
sin fruto recorridos.

Ésta es mi fuente,
la de la ausente agua.
Allí los renacuajos de mi amor joven
felices fueron en el cieno
santo
        y en el limo.

Yo soy la ova leve,
allí fue mi sed,
vacuna.
La cuerna soy que ya asoma,
lame el novillo la sal como el azúcar,
y el mal benigno.

Rey de lo que es posible,
todo castrado ya,
de raíz,
porque es el tiempo.

Rey de lo sobrado y fértil,
en su momento segado.
Rey de la procreación
y el sobejano exceso.

Rey de la perpetuación,
perpetuamente traicionada,
apenas se ha cumplido
ya obsoleto.

Ya sabes de mi tendencia en viaje,
como los astros,
a caballo de la órbita hirviente,
flamígero jinete,
en su mitad quemado y refulgente.

Todo soy yo corona de la hoguera
incandescente,
qué consunción es esta de cenizas,
qué ascua ya vencida
que aún me muerde.

Ya no aguanto más,
mi dios de las religiones,
mi hambriento caimán,
mi cepo de las amputaciones.

Yo era en aquel nilo
antiguo el niño desmembrado
como antílope,
de gacela el dócil cuello
bien tendido,
verde papiro.

Pasaban por su vena las cuchillas
indoloras,
muy mansa era la onda entonces,
y resbalaban,
insonoras,
por carótidas adormecidas
las quillas de las embarcaciones.

En el mirador no se miraba,
la vista se había recogido
y faltaban los ojos de la especie,
ya obsoleta.

Engulló antes que a mí
a mis hijos la nada urgente,
leyes hay que el tiempo
no respeta.

Era yo entonces feliz,
mitad útero,
mitad uretra,
mi angustia,
y mira que aún no habías llegado,
como el pene,
que a medias convocado,
ya secreta.

Todo yo ventral,
velludo,
todo yo pistilo espoleado,
los estambres despeinados,
flor de bragueta.

Estos niños sin dolor
de dónde vienen.
Vienen del privilegio,
nadie los llama.

De la puerta abierta vienen,
se van, como el aire
vuelan que se cuela y escapa,
verja burlada.

Nadie los prende ni para,
de dónde serán,
niños de la intemperie,
sin padre ni casa.

Sol del nido
que a la cloaca vuelve
cargado de huevo y eclosión,
reventará la panza en el llano preparado
como boca,
el estallido velará los mundos de intestinos
y de plumas.

Sol de la creación manchada,
se derraman las órbitas en horizontal
lata,
salpican los gatos aplastados en tu noche,
cópula plana.

Sol achatado que pare en vertical
la vulva alada.
Sol del sapo que ensarta
el pico de la garza,
el buche tupe,
la tráquea atranca.

Empiezo a ser dueño de la hora
como el día del bullicio
y sol,
los ciervos del salto y de la punta.

Tengo ya el reino desplegado,
son juguetes de mí las criaturas,
me congratulo de la risa
intestinal que eructa el ano,
la flor es rica y se solaza,
y el fruto abunda.

Empiezo a ser ya pájaro en el cielo,
empiezo a ser ya cielo sin pupila,
este es mi torbellino y loca brújula,
mi altura sola que lima las aristas,
los mundos funde,
la luz apura.

Roto el armazón va,
y deshechas las hechuras,
todo desbordamiento grácil,
todo fractura.

Va así difuminando,
va borrando y desatando,
disolvente va y corrosivo,
los minios liberando,
diluyendo las pinturas.

Nublado va y nublando,
todo gas,
todo sin pared
    ni membrana
        ni burbuja,
va por fuera del oxígeno,
va bordeando la molécula en vapor,
va rozando apenas la película
exterior,
todo un halo de alientos y de brumas.

En los pasadizos de los chicos huele a humedad,
la humedad huele a chico,
buscan los chicos los portales condenados
de la vecindad,
escondrijo e intemperie,
que nadie suele.

En la penumbra brillosa del paso ambiguo
a los garajes de algún sótano los muros,
como los chicos,
manan, rezuman y expelen.
Allí los chicos desarrollan su arte rupestre.

En los anchos pasajes semiocultos
que algún automóvil a veces usa,
no siempre,
huele a goma y desencanto,
a deportes desconocidos,
grasa de los talleres.

Aquí recalan los chicos secretos,
patilla y pitillo,
aquí un código de ojales y de cierres,
las nuevas seriedades sonríen su esmalte grave,
puro,
blancura de hueso aún imberbe.

Rómpeme la aorta en un lujo de salidas,
en una fiesta de efusiones,
                                    roja,
rómpeme la costra bullidora de los géiseres,
soy yo la sangre que circula,
                                    loca,
                                    rota que rota,
prisión es mi cerebro que el cráneo ahoga.

Toma la piedra que de la frente se enamora.
Por el quicio de la fuente,
santo orificio,
el seso asoma.

Estoy un poco triste,
como un gato sin culebra,
sin enero,
así es el invierno desganado
cuando no hiela.

Mi madrugada florece a oscuras,
pálida de lirio y azucena,
refulge mi apagamiento dulce
como el fuego titubeante
del pabilo de la vela.

Sóplame, extemporáneo
aire que en la vinca se agazapa,
jazmín menea.
Triste estoy de penes asomados,
antiguas campanillas que no suenan.

Qué te preguntó.

Si me moría.
Tengo yo la muerte larga,
plateada,
en los desiertos,
entre la hierba,
serpiente lacia.

Tengo yo la quieta sonaja
que aún se mueve
luego,
después,
en la desatendida noche,
cuando el ojo se retira,
late la llaga.

Y qué te dijo.

Si era ese mi anillo y rosca,
y esa mi gola atiborrada,
si mi entrega sinuosa y huevo
abandonado,
si mi vientre seccionado,
el que guarda el mundo acurrucado,
bola arrollada.

Y luego qué hizo.

Se prosternó y me adoró,
estuvo escupiendo como sangre
palabras santas.
Yo las oía,

sin oído,
porque es mi lengua bífida
y antena,
y receptoras de angustia mis escamas.

Y qué decía.
Yo soy hijo del asombro,
y mis hijos son dolor y gana.
Inocúlame el veneno de la luz,
mi vena es tuya,
deshazme el estupor que habita
como grito en mi garganta.

Espolón, gallo y mañana
yerguen un gato de gritos
en lo alto de la espadaña.

Hay fuego, la llamarada
del sol quema de pupilas
la noche de la legaña.

Rojo era el quicio del alba,
la luz hoguera y rejón,
quiriquí hincado en la entraña.

La espera mía tiene la sombra alta,
la espera mía que es hermana del crocus
de pradera,
el pétalo rebanado,
corolas soy de tierra
en el monte desolado de la estrella.

La ancha vaca inmensa pace
en vastedad cimera,
muchachos de la inocente mochila
vienen,
pisada tan ligera.

Me quedo yo como un oro venenoso
de lúcido azafrán
luminosamente prendido de las suelas.

Este es mi pecho y ubre,
es esta tu succión
que de mí me extrae,
de mis soledades me arranca.

Es este mi anchuroso pezón
cargado.
Es este tu labio y gana,
cachorro brioso que me roba
y derrama.

Es esta mi ubérrima nada.
Es esta tu lengua,
un fuego y un tizón
por cada mama.

Qué gran sonrisa como puentes,
como el gran cóndor volador
sobre el Humboldt del asombro,
qué gran arco de alianza sobre mundos
por hacerse,
qué enorme el monte de las nieves.

Allí yo las tiendas planto,
allí yo abro la luz como las puertas,
que el rumor entre,
allí yo la pezuña arrojo hacia los riscos
separados,
por donde corre el arroyo de la muerte.

Ven aquí,
muchacho grande,
me dice,
            y yo voy.

Ven, muchachote,
y yo presento mi muchachez
enorme,
desmesurado,
entregado como la luz,
voluntarioso y torpe.

Ven,
    y yo voy,
desbocada la risa,
la boca toda desbocada,
toda la crin abanderada
al aire por los desmontes.

Voy yo,
potrillo,
todo engranaje por ensamblar,
carcajada de pedernal,
gigantescamente desbridado.

Tienes pelos ya,
me dice,
habremos de vestir pantalón largo.

No quiero,
no quiero,
digo yo,
como una fuente,

yo todo silvestre
y por desgranar,
por los guijarros al trote,
por pedregales descalzo.

Te herirás,
ve con cuidado.

Y yo voy,
y yo voy,
cuello tendido,
hermano de la ortiga todavía,
rey de los cardos.

Se ofrecen los cuerpos en la loma
cuesta abajo,
sobre la grama yacientes,
que no rueden,
se venzan sólo,
tiendan y queden.

Así la carne va y procura,
se retiene,
la molla de los pechos se acumula,
atropella el testículo a su hermano,
topa y empuja,
el pene pende.

Así los cuerpos amasados en el cerro
exudan
al sol hornero y providente,
levadura de bochornos
alza la harina,
el pan se crece.

Cómo fue la gana,
que ya iba,
y apuntó leche,
cómo el poste que se alzaba,
mondó el bulbo y babeó,
se envaronó tan alto,
vino luego a recogerse.

Capricho del mediodía
y dulce antojo,
así el vaho del hervor
barniza el fuste y embellece,
después lo esponja,
lo disuade en un vapor
y reblandece.

De la nube de lo que fuiste,
que hoy viene,
el monte cubre,
llueve el sinfín de diminutos riachuelos,

el agua de jazmín que traga el suelo,
suelta,
mana la fuente de la que bebo.

De la nube de lo que fuiste
mi entraña y tuétano,
que está hecha de la tierra por la noche,
por la mañana de cielo.

Dadme niños,
sean sin vena,
sean sin luz,
sean decapitados.

Dadme los niños apagados
en esta estancia sin eco,
supuestos los rincones,
los techos sospechados.

Dadme la araña que hila la mordaza
del oscuro asombro,
la voz que enmudeció
en el gran vano.

Dadme lo que rasga,
rompe,
sangra,
el dificultoso parto.

Dadme el niño espinzado,
despiezado,
a mí se me descoyunta impunemente,
tengo derecho a la esquirla y el coágulo.

Agria la verdad que me decías,
ininteligible,
confusa,
yo estaba en las ciudades entonces,
rodando y con las brechas abiertas,
sin casco,
y tú afirmabas haberme conocido mucho antes,
cuando las sienes estaban protegidas.

No puede ser,
yo te insistía,
en la frente las grietas y fisuras,
presto a sangrar,
la vena expuesta,
todo el vientre ocupado de averías.

Yo te consuelo,
tú respondías,
y venías sin la mano,
y eran garfios
y arpeos descarnados
tus caricias.

Rabia tiene los ojos azules hoy
guiñados,
oscuramente luminiscentes,
y me miran.

Así son los pájaros en la jaula
abandonados con la sed,
sin agua,
los comederos vaciados.

Tu hermoso rostro tiene hambre
hoy,
y me vigila,
yo me enamoro de lo pérfido y lo pálido.

Ven,
apuntada la garganta como quilla.

Ven,
frente pensante.
De tu lengua me enamoro yo,
el bífido suicida
que doblemente dice las palabras del amor,
el borde de la sangre guillotina.

Qué dices,
imbécil,
con tu gran ojo vacuo.
Vacuo de inocencia,
absoluta soledad,
vehementemente miras,
abandonado batiscafo.

Qué burbujeas,
balbuces,
semiahogado.

Verde eres,
reflejo de lo incierto,
traslúcido de no ser,
de no pensar.
Sustancias la turbia claridad
que la difusa ova
confunde con el fango.

Pon huevos,
si puedes,
sin cloaca,
sin útero.
Pon la absurda exudación
de una entraña perdida en el acuario.

No tienes tú testículo
ni ovario.
Ni agalla.
Tu respiración desmañadamente abanica,
a veces,
la última onda que estremece

la desgana del océano.

Allí yo recojo las redes,
los mocos,
los genitales de la pena,
viscoso llanto.

Dime la queja,
saca la voluptuosa lengua
del olvido y la renuncia.
Hinchado estás,
dolor,
prolongado menosprecio que supura.

Yo soy la perla apiadada de tu herida,
la envoltura de tu llaga en carne viva,
la baba soy que alivia la sutura.

Sueño de la tristeza en un caballo
voy como el mecido cántaro
al costado en un va y viene,
soy la leche batida en un regazo,
al ritmo del carricoche mi espuma
de alta noche se levanta,
rebosa y vierte.

Estrella de la profusión dormida,
tendido géiser de la madrugada
que se explaya,
persignador de la tierra ausente,
negra,
yo todo lo despierto,
fermentador,
levadura es la pena de la flor
condenada,
cuando amanece.

Si en los circulares días,
cuando es el tiempo una corola
y pierde el pétalo la hora
al acostarse,
late allí la primavera y se deshoja,
collar de flores mustias esmorece.

Si los animales de la trepidación
a la laguna acuden espantados,
porque oyen el corazón alborotado
de la suerte,
allí las bestias en tropeles se reúnen,
porque están solas,

porque el dulce fragor de la estampida
las aturde,
porque ahoga el grito de la sangre
loca,
y el aviso intempestivo de tambores
ensordece.

El color de mi asombro
quemaba y arrasaba,
y mi estupor como cebras calcinaba,
ñú de mi disolución,
raya de mi cárcel rota,
desenjaulada.

Iba yo a los barrotes del pavor,
cocodrilos de vapor entonces vigilaban
en la amenaza eterna,
antilopidal,
que acechaba dormida entre las cañas.

Era mi miembro amputado,
y mi vena celebrante,
descorchada.
Hienas de la pinta abigarrada
se escondían en mi sangre degollada,
hipos de diente,
y era todo yo una punta de la espina de la acacia.

Todo el poder era anónimo,
yo lo dejaba correr,
él venía y se explayaba,
se extendía por las celdas y los nichos.

Venía de fuera,
general,
pero cabía,
se estrechaba,
llegaba vasto pero entraba,
se hacía fino.

Como el conducto humano,
como la luz del capilar que apenas luce,
el oscuro alvéolo,
el angosto intestino.

Allí él y su aire infiltrado respiraba,
me embriagaba,
exultante de su exceso y raro oxígeno.

Él ponía entretanto sus huevos
diminutos a millares,
gusanos eran de mi sangre y del fulgor,
y los dueños,
            al cabo,
                de mis nidos.

Tú podías haber sido mi amor
el otro día,
todos los días,
la loza rota.

Así la porcelana pende de la rama
de mi árbol estragado
en los jardines de la bruma

que yo cuido,
rosa de barro,
niños vienen vendados por la noche,
piñata de piedras y de lunas.

Tú mi sien,
que el quicio de una vena desolada
descose de suturas,
sangrantemente explora.

Suena el aire a hojas de arcilla.
Mi párpado está amasado y seco.
Un día la mano quebrará la costra,

la grieta alcanzará el eje
y yo me haré pedazos,
cada pedazo flor de otra fractura.

Musculado está el día y vanidoso,
y se muestra,
esta es mi reciedumbre de la hora,
dice,
atraigo a la sazón
y acumulo suculencias.

Pletórico está el día hoy,
presuntuoso,
este es mi tiempo granado,
dice,
fibra y momento adunados
me tejen la opulencia.

Este es el intenso instante
de la boda de los días con el cuerpo.

Mirad mi abdomen,
dice,
mirad el muslo,
allí el segundo se enamora de mi vena.

Este es mi reino,
exactamente el tuyo,
con su mismo rafe que cosió el mutuo
grito universal,
gónada con gónada.

Allí se encuentran los globos oculares
mondos en la intensa oscuridad,
allí sin conocerse habitan las dos llamas,
el roce puro
de dos órbitas contrarias.

Un día serás viejo,
y yo,
eterno joven,
tendré que verlo.

Porque no tengo el tiempo
yo que vuelve,
ni el agua que derrama
el dulce riego.

Ata a la hora la sonrisa,
no te vayas del momento.
Vara donde la barca está
sin onda,
        sin brisa,
                sin remo.

Me tendí a esperar,
como si fuera el tiempo,
como hace el mundo.

Abrí los ojos
por si llovieran los huevos.

Estaba el cielo raso,
sin poros,
todo él uno y tenso,
estéril,
como se miran en los ojos los espejos.

Arrastré entonces los dedos,
sagaz,
en busca de orificios,
y te hallé,
negra y florida,
toda surtida de agujeros.

No quiero tener hambre,
no quiero apetecer ni tener gana,
yo quiero ser derviche,
asceta,
santo.

Niño mío vino
en un relincho despeinado
de caballos,
todo crines,
todo salto imposible hacia un aire
que esparcía los espacios.

Yo quiero ser la pupila que mira
desde el fondo del lago.

Dime adiós,
adiós,
      deprisa,
la niña de los puertos,
el niño de los puentes,
para este duelo
no hay pañuelo
suficiente.

La niña que se aparta,
el niño que retrocede,
para este inmenso vano
no hay amarra que me ate,
ni cabo que me consuele.

Dime adiós deprisa,
que la tierra se te lleva,
que el océano me viene
impetuoso con su ala,
con su viento,
            con su diente.

Qué delgadito eres,
qué pequeño,
que no se te ve,
que no te veo.

Qué sin hueso ni tripa,
qué escurrido de caderas
te vas al sumidero.

Qué nada,
qué nudo
el ombligo que no ata,
qué sucinto todo tú,
estelita que dejó,
al disiparse,
el suspiro de un aliento.

Qué pulmoncito mío,
que soplo de nimio alvéolo,
qué costillita frágil,
cajita del corazón,
estuche de mis anhelos.

Al daño voy contigo de las calenturas imprecisas,
en un autobús de tripas que rugen, de chapa que brilla,
de ventanillas que deslumbran, de cromados que refulgen,
es un campo vasto alrededor de la desnuda alegría.

Contigo como perros, niños que corren, se precipitan,
que invaden la calzada persiguiendo pelotas fugitivas,
contigo al accidente, al golpe del impulso decisivo,
huele el plástico que anuncia el hervor del mediodía.

A las playas voy de un desierto con huesos sin medida,
esqueletos de águilas muertas la arena iluminan
como norias de la altura, y yo te miro entusiasmado,
feliz de ti y de mí bajo la gran fantasmagoría.

Me río, te ríes, y con los dedos hacemos varillas
de vertiginosas, desgarradas, quirópteras sombrillas,
luces de persianas y estores, resplandor ajusticiado,
la euforia sangra carcajadas de flor de guillotina.

Al destrozo del hallazgo voy por la noche desabrida
de la infancia, contigo, entre cascotes de la ortiga
que respira, somos el juego de las barcas de verbena,
que entre protestas infundadas al cabo se termina.

Rabia voy,
pequeño,
pelillo invisible de la ortiga.
Rabia,
escozor,
insidioso licor que llena la vejiga.

El avispero soy,
etéreo,
y en los panales tu lengua que investiga.
Mucho me lame,
miel de la hiel,
mucho me azuza e instiga.

Aguijoncillo voy,
la leve punta,
frágil tomento que la llaga irriga.
Yo no quise nada,
tú menos,
pero este tocarnos nos manda y obliga.

En la dirección que me indica tu espalda
voy,
veleta de pescuezos,
intérprete de nucas,
voy adonde diga tu cerviz vencida.

Soy esta mañana esclavo
de omoplatos y clavículas,
llamada escueta de las hoyas
de tu monda anatomía.

No me dejes solo,
occipital,
no me dejes al albur y a la deriva,
parietal providencial
que al pómulo me guía.

No te retires,
aeropuerto y rampa,
lanzadera,
plataforma frontal de altos pretiles,
mi última frontera.

No me dejes solo entre las órbitas,
tiende la mano y la falange
que ilumina,
        dame radares,
                        razones,
el rastro de la estrella,

la apófisis que brilla como faro en tu muñeca.

Niños de la baranda,
la balaustrada asesina,
niños de la sola ala,
fácilmente amputable,
la única,
en desnuda vertical a las losas ofrecida.

Tomentosa traíamos la vara de la malva,
tronchable,
felizmente no se tocan nunca de la rosa
el pétalo sutil,
la obtusa espina.

Allí, como ángeles y moscas
a un sol oscurecido de jardines entre lilas,
habitábamos los halos y las auras,
éramos el polen de la luz,
cuando una sombra de arañas la atrapa y decapita.

Piensa en mi cráneo,
cuando viajas por el radio
que tu justa,
esférica medida circunscribe,
que el alcance de mis bóvedas dibuja,
que se amolda complaciente al arco de la ojiva.

Piensa en el forro de mi cúpula ceñida
cuando cumplas la órbita
que mi estelar oscuridad viste y tapiza.

Piensa en mi circular límite,
el que te arropa y recibe,
el que te abriga
mientras prendes fuegos por los campos de la luz
que nada alumbran,
que todo extingue.

Comprenderte a ti es mi esfuerzo de la carne
ocupada que se abre y se divide,
que de sí sufre,
al vaciarse,
y arde en brasas de una entraña que calcina.

Ventosa de los labios que a la nuca se adhiere,
lamprea que mimosa al occipucio se prende,
allí obra la lengua fontanela y agujero
de donde fruye,
por donde accede

y sube.
Trepadora es la saliva que se extiende,
ávida la baba que unta la médula y embebe,
dulcísimo el ácido que el tuétano diluye,
sesos disuelve.

Allí el buen mareo expande y distribuye,
el limbo muelle,
blanca es la fantasía y niebla en que el cacumen
se confunde,
esfuma y pierde.
Los ojos que se apagan el sueño encienden.

Quebrábamos la risa sola,
del solo cuerpo,
en el campo de la carne
pura
de los vientos.

Cielo de la abierta dentadura
en amplio vuelo,
sol de la mandíbula,
que amanecía,
el grito desplegaba del aliento.

Pozo de la carcajada,
árido suelo,
solíamos rompernos uno de otro
gozosos de arcilla
y de fragmentos.

Recogíamos después las cuentas
sincopadas de los ecos,
esquirlas eran,
liberadas,
dichosos trozos del contento.

La verdad de sangre,
la vertebral espina,
la general garganta.

Latir, doler, clavar,

gritar la vertical
fundamental
enmudecida.

El oído oscuro,
la hermosa ceja,
la pestaña gratuita.

Descalabro de la noche,
el beso perdió el labio,
la vena está ocluida.

La risa triste,
la dulce comisura que apuntaba,
y ya declina.

Navíos grandes,
      que no pesan,
en cielo sutil,
      que no sostiene.
Astros locos,
     desorbitados.

No atendieron los físicos al orden,
no asistieron los astrónomos
a la fiesta regalada.

He aquí mi vino interminable
y larga escancia.

Anegación feliz que el vano colma,
la dicha de las gargantas.

La vida que estaba tranquila
también estaba rota en dos.

La vida,
absolutamente ininteligible,
a veces,
también parecía un conocido,
tener que ver con alguien,
ser, incluso, humana,
haber nacido un poco por nosotros,
debida a nuestra consideración.

Qué locura.

Ella seguía,
según luego supimos,
ocupada en ciervos y gérmenes,
sin memoria ni distingos,
sin justicia
        ni rescate,
            ni escalafón.

Cuando le dijimos nuestro nombre,
agraviados,
ella,
descalabrada y magnánima,
nos sonrió.

1 de marzo

Cuando ya estábamos llegando,
nos apeamos,
porque era la llanura hermosa,
llamaban,
          en las vegas,
las arboledas en flor.

Cuando el viaje ya cumplía,
nos detuvimos,
porque era el rumor de la fuente
hechizo grato,
y el correr del arroyo tentador.
Ven, dije, parémonos.

Porque era tan fresca la vereda
bajo el olmo,
si eran tilos,
y allí ya nos perdimos,
amena era la sombra,
y el aroma embriagador.

I

Donde se rompió la vida
como estaca
y mostró la médula,
la fibra de la astilla desgajada,

la hebra pura,
blanca,
donde se tronchó el fuste,
grácil la vara,

de donde surtió la queja
un momento solo,
lágrima de la resina,
la voz truncada.

II

De los clavos oxidados,
su pasado,
su ferruginosa memoria,
la escoria del orín,
la vida hincada.

De los clavos de la cerca,
y aquella tela desgarrada,
el jirón y tira que perdura,
brizna al viento de los labios
y cinturas,
el azote de una tarde desolada.

Aquí yo te ceñí,

aquí tú te libraste,
la sangre de la punta,
forzados los ojales y un gemido
que aún aúlla,
de flor y gana.

3 de marzo

Tu dolor viejo,
autónomo,
chaval de las distancias
en el viaje venturoso
va,
rompiendo cielos,
recogiendo con júbilo el destrozo,

fértil,
jovial,
del suelo recoge los gemidos
como altiva cúpula de abrojo,

piñata de risas reventadas
como orzas
en añicos de los gozos troca,

y una gloria de despojos.

Este es el amor tirano,
este es el garfio y polea,
esta es la cadena que tira,
este es el bofe,
la suprema casquería.

Esta es la sangre innata,
esta es la tráquea escindida,
esto es lo que respiró,
ahora detenido,
estos son los verdaderos sesos,
esta es la excelsa masa,
la queja inescuchada,
la lengua que decía.

Desamanecidos por los aires van,
piedras dormidas del alba,
los trozos de los hombres que hoy causan baja.

Van a prenderse de la desnuda rama
intestinales bufandas
como hiedras de regazos arrancadas.

Como brechas van las sienes profanadas
y palomas, solas alas
sin rumbo de las frentes amputadas.

Van hoy al viento aquel que ayer pasara,
llevara en espiral
trozos del hombre, y sus vidas acabadas.

Coda

Trozos, trazas, trizas

I

Leones transportan piezas de hombre,
regios leones de hermosa factura,
en las fauces llevan cortes selectos,
llenos deltoides, mollares oblicuos.

Leones de porte altivo, sereno
colmillo, alzan tiras de abdomen
con majestad, voluminosos bíceps,
lonchas cumplidas de muslo rollizo.

Leones de melena imbricada,
en lamas flamígeras los mechones
se tienden, disponen, hojas de cala
parecen, lenguas, espadas de lirio.

Leones de barro, ojos de vidrio,
al cielo levantan fragmentos de hombre,
al norte el seso se entrega al olvido,
al sur reclama aún vida el testículo.

II

Restos del hombre pasado
en los vestigios,
            hormas y quicios,

cercos,
rasos moldes allanados,
labios,
llagas,
frisos.

Rumor de lo que hubo en los alientos,
ailanto, viento, aliso,
de lo que se holló la marca,
poso, peso, paso
posado sobre el piso
que los tiempos han barrido.

Trazas de hombre sin orden ni motivo.
Semen, sudor y sangre el nombre
y el rastro son,
y el desatino,
del destino sin sentido.

III

En los nidos de los pájaros altos,
qué se dice y se comenta,
en las cornisas,
en los estadios sublimes,
donde el mundo se comprende
y se dominan los confines.

Qué se comenta y se dice,
allí donde se despelleja
y descuartiza.
En las ménsulas voladizas
se columpian en las cortadas trizas
de hombre como yerto liquen,

al abismo se arrojan, hueros,
trefes esófagos, vanas laringes.
En la esfera última,
donde las águilas ponderan,
donde deliberan los buitres,

qué se dice y se comenta,
qué se comenta y se dice.

Contra el oscuro enemigo

Madrid, junio

Cuando tuve en mis manos los cuernos
del tierno ciervo,
cuando en mis manos tuve.

Sus sueños de la cervata punta,
de la punta cervata
y con las lunas en el cesto.

Cuando en el cesto tuve la estragadura,
la ensambladura descerrajada,
cesura del escarmiento.

Cuernos del tierno ciervo
por la regata,
lágrima de la mañana cruda,
blanca flor de escarpadura,
muda cizalla,
cañada del descontento.

A los lirios va
de la fuente y gozo,
al cieno y borbotear,
al labio en lodo.

A las ventosas
y los reversos,
al pozo inverso
en el que hozo.

Al embozo va,
del barro espeso,
sollozos de turbia risa,
risa de los ahogos.

En la raíz en que el dolor haya su eje,
la médula pelada,
allí nuestra acampada,
y el jabalí.

Allí donde el colmillo es ciego
y se despunta romo,
allí donde muere el rizoma aborto,
y el pútrido alhelí.

Nuestras congojas rebosos,
y el raso colmo,
dulzón el huevo que flota huero,
glauco buceo del manatí.

Y dónde mandaste pulir,
y dónde hiciste acerar,
y dónde obligaste a amolar,
el alma de las forjas,
el amo de los filos,

y hacia qué herida vas

como entre olas,
Ahab de los torbellinos,
en remolino hincada,
como de llaga,
la rabia fundamental.

A las sonrisas del mundo anterior,
el geológico,
nos remitimos.

A nuestras manos atrapadas en la arcilla,
prensados los dedos en estratos
que el roe roe del río horadará,
sereno,
erosionando.

A ser revelados poco a poco
como el sepulto brontosaurio,
la sola vértebra que anuncia,
entre los quietos calcios
de risa inmóvil,
el súbito yacimiento florecido,

amor de gas,
suspiros de grisú,
mordiscos son las mariposas
que se posan
en hueso blanco.

Pensamientos de ti,
cuando nos matábamos
someramente.

Estábamos quizá-seguramente
enredados en exceso en aquel tiempo,
prolongados paisajes del momento
que eran mansos,
avenidos,
nacidos de la luz,
como alumbrados.

Generacionales uno de la mano del otro
y del mar
entonces nos quedamos,
ay,
por qué sería,
es,
absortamente tan varados.

Nada nos hacía movernos y avanzar,
así seguimos tú y yo,
parasiempre-ya-nuncajamás,
desgarrados de los sitios,
enamoradamente eviscerados.

Miraflores, julio

Niños en trance debajo de las magnolias,
niñas bajo las higueras
en trance son,
los olorosos,
las olorosas.

Viajan los invisibles insectos de la fragancia,
de los aromas,
por los imperceptibles pistilos.
Amplias son,
de alcoba blanca,
las corolas.

Yo no sabía,
el aire era espeso,
los niños ligeros
            del polen,
            de la sesgada luz
como saeta,
            que aún no era.

Guárdate de mi herida la blanca,
la apaisada,
van los alfanjes del labio
a los dulzores,

rasa es la herida,
fiera,
allí va la cimitarra fulgurante,
y la elegante siega.

Días de la gloria en sitios distintos,
allí las necesarias garras que izan y roban,
grúas y poleas,
y tramoyas.

Días de la gloria en los diferentes lugares
que titilan,
titubean
en órbitas absortas.

Allí nuestras alas en colisión
y los ojos divergentes,
escindidos,
estrábicas las trayectorias.

Yo soy tu mundo redondo quebrado,
grande es el cristal,
circular,
esférico,
con su longitudinal hendidura
y pasadizo secreto.

Es este mi globo hermético,
viene la grieta a mí,
ella obtusa,
romo yo,
a la oscura locura iluminada
y angosta abertura de mi centro.

Amor rabioso de la híspida corola
de los cardos violáceos hirsutos
estampados
en un cielo hipertensamente azul
sin respiro ni descanso,
sólo desafiado,
rayado solamente por vencejos
del jovenzuelo diamante fulgurante
con descaro.

Ay,
la velocidad acaso fresca de misiles,
¡Mira el grito!
¡Ay punzón,
            ay berbiquí!
¡Ay sandía herida de la roja carne trepidante,
negras son las pepitas escupidas a un futuro
de salivas disconformes
y balazos.

Dame la luz del apagamiento en sombra
bajo tejavanas,
sobre toboganes,
criadora es la panza hinchada de los sapos
reventados
de miriápodas arañas
en regüeldos arrojadas como encantos.

¡Ay, traslúcido lución reptagonal
en las glaucas verticales ondulantes
de las ovas sinuosas,
los cienos blandos!

Hermoséame a mí,
turbio y reptil,
de cápsulas,
            vejigas,
                los natatorios sacos,
tú,
difuso anfibio,
los indefinidos parajes
intermitentemente sumergidos
de mis fangos.

Amor-huevo de los días niños con sus patas,
ojos de clara,
gelatinosa albúmina que temblorosamente
ve,
    vítrea,
            la luz pringue todavía,
            la niña de binzas embozada.

Potencia apuntada en flecha
de los protoseres que gritan,

¡ay, ya,
las terrazas sumergidas en los niños,
superpobladas,
qué pulular de insectos celebrantes se amontonan,
se flagelan,
qué ebriedad se autolesiona de euforia
y alegría
            en las infancias!

Donde por el momento vive
lo que enseguida desaparece,
allí,
donde ya la superficie
acepta la penumbra
y el fondo la primera luz,
que seguramente hiere.

Allí donde bailan las partículas
efímeras,
intermitentes,
si son cría de las arenas,
huevas-sueño,
futuros de algún siluro en ciernes.

Donde todo puede ser
y el mismo tiempo perece ya,
es éste mi caleidoscópico anhelar,
soy todo branquia en una apnea,
¡ay mi oxigenado universo de espirales
flageladas,
el cilio imberbe!

Era una carta,
y yo te decía:

No te preocupes.

Era un raso paisaje sin nada más que luz,
y la luz inhóspita,
sólo una ceguera,
y en la ceguera blanca
aquel calor de escarabajo calcinado que vibraba.

Así huele la quitina bajo el sol,
así el martirio de la implacable lupa,

me decías,
toda tú deshabitada,
como en tumbonas,

en una carta.

No te quiero doler,
no me toques.

No te toco.
Odio el veneno.

Los terraplenes del inevitable amor
ardientes nos llevaron,
¡ay, reseca escorrentía!
a desabridamente conocernos
en la corona adusta
de la malva erguida.

Abejorros del calor,
qué fuimos,
nosotros,
sino una floración de Chamartín y polvo,
polen dorado de los días.

Hace calor,
mi amor,
mi evaporación sobre las piedras,
mi sequía,
granito,
pedernalísimo vaho de los estíos,
hace calor.

Qué te diría,
sino guárdate,
embózate,
refúgiate tras las persianas.

A la sombra del mundo
y alivio de los ailantos,
tú,
mi precarísima membrana,
y flujo manso.

Nada te absorba,
jugo grato de la higuera y mora,
de los abdómenes repletos,
los bien guardados,
y el fresco aljibe.

Vente a los barros tan secretos,
donde resiste la oclusión,
y los sagrados verdines.

Se asoman los niños a la baranda
como si tuvieran ojos,
al mirador y los pretiles,
como si ojos tuvieran,
como si los ojos miraran.

A la balaustrada de la llanura inmensa y plana,
para ver el tiempo detenido que pasa,
allí el cielo se refleja,
y espejean las horas embalsadas.

Los niños van cayendo,
dormidos,
hojas de la enramada.

Allí se los lleva el río
en círculo al centro,
ceñito arrugado,
barquitos de sueño
que el mundo traga.

Me dijiste adiós,
ay,
cuando no me iba.
Adiós me decías.

Adiós de las flores del mundo,
corola fría.

Pluma negra me diste,
y ala de golondrina.

Barcos que no zarpaban,
amarras sin partida.

A los muelles nos fuimos,
donde la ola rompía.

Donde el alma rompía la ola
y vela,
a tu cintura mi mano,
y a qué tierra tu anhelo,
el naufragado,
y de qué isla.

Dardos en cuerpo
a medio retorcer,
en corazón los puñales,
columna de Sebastián
amarrado,
de atormentada carne.

Los dolores,
las saetas y las llagas,
qué sería de mi convicción y éxtasis
sin la humana exudación,
sin la sangre agusanadamente estancada
en santos cálices.

Es ésta mi válvula y diástole,
peristalsis de una tráquea sajada en manantiales,
oficiante va la larva por el corrupto imperio,
casquería de la fe,
linfa sagrada,
los seros laten.

En los días grandes,
en el centro del día,
en la niña y quid,
donde prende la algarabía

el apagón
                y noche
larga,
y prolongada cesura

azul,
de la luna en combustión,
de la negra interrupción
y absorta dinamita.

Ráyame el iris,
navaja,
por los ecuadores del ojo,
sumidero y redondo.

Elige el hemisferio y mar,
punta perfidia,
cabo de hornos.

Allí donde Ahab murió,
eje de remolinos,
y la absoluta succión,
donde cae el rayo a plomo

y es el océano estómago,
vórtice la digestión,
y el pájaro de la consumación
señala el fondo.

Se desconchaba el muro que yo lamía,
donde desové y parí,
se descarnaba el revoco,
se deshacía.

Ay,
mi amor de ripio y cal,
telaraña de los alivios,
dulce mampostería.

En cuya red yo sangré,
y me envolví,
porque mejor dormía,

en cuya arena me rebocé,
por si era mi carne y polvo,
ver si desaparecía.

Estamos en el momento azul
y en la excepción de luz
entre las cales.

Donde es la carne
hueso ya y diente puro
la sonrisa exangüe,

y en el corazón
de las extáticas santas
se clava el ágave.

Todo aquí es floreciente consunción,
nubes que habrán de descargar,
fustigadas de insoportable

exceso en la llanura retumbante,
el cráneo desnudo,
calva la tarde.

Adónde fueron los chicos,
adónde,
niño del alma quebrada,
barro de la honda raja,
que escinde la carne
de la tinaja.

Adónde las humedades menudas,
del verde ojo durmiente
y de la poza soñada.
Niño de la mariposa
herida,
flor de romero estragada.

Adónde la jara vibrante
que en resplandores volaba,
la cañada angosta,
la pensativa añoranza.
Rey de la piedra secreta,
ribera que lame el agua.

Me subí sobre ti,
por si llegaba,
y a tus hombros,
y aún me alzabas.

Hacia las tapias,
por si llegaba,
de la tupida madreselva,
la exuberante enramada

olorosa,
por si tocaba,
y tú aún te erguías,
y así me izabas,

grúa y maroma,
la guía y poste,
a sola altura
me arrojabas.

I

El gran herido,
con el sable del órix
hincado en el ombligo.

Estos son mis abdómenes
de espino,
cardo y adobe,

y en mis pájaros pantófagos
la pluma eréctil
planta sus arpones.

Vengan a mí los garfios
y las garras y me abran,
larvas me expropien.

Vengan,
con un sol de preñadores
dardos fulminantes,

fecundas,
pútridas,
las eclosiones.

II

Soy el espeto solo
con hígados
en la cocción,
al aire libre,

que el sentido de la vida
y la planicie,
entre las moscas,
me cautericen.

Soy la entraña al sol
y hierro abandonado,
que babeando grasa
se fríe.

Ven a mí,
gracia del intestino.
En tu flagrante lástima
el corazón reside.

Recto adelante el hambre
me consuela,
¡ay, grande ano!
del hurgar científico del buitre.

III

Cuando mi amor dijo ven
yo fui,
al flamante círculo,
al ferviente asador,
a la incandescente brasa.

Porque en la hora de la ignición
y la partida,
            acabémonos,
                  decías,
yo era rojo,
llama pura de combustión,

y mi grito un crepitar
de fronteras consumadas.

Préndeme,
gran fuego,
fundamental hoguera,
éste es el último rescoldo,
tu médula,
un beso de pavesa
y dormición,
ceniza pálida.

Adónde vas,
locura de los pies,
extravío de las sierpes,
áptero trotar por los circuitos
calvos,
todo sin ojos,
rastrero,
tanteando.

Adónde,
sin pájaros
ni oculares globos,
todo tú cuenca rebañada,
qué lengua que rasaba te llevó,
como a una sed,
por abrasadas superficies
siseando.

Estábamos buscando,
agrupados,
como tribu,
el destrozo.
Teníamos hambre de gran percance,
frontera,
cataclismo.

Tú y yo sin las alas,
la familia con carcajes
de punta inútil,
así éramos,
mochos,
romas naves que surcaran
firmamentos como abismos.

Luz y bengala,
fantasmagóricos humanos doloridos
prendidos de un fuego titubeante,
dudoso,
por los espacios flamígeros.

Tú y yo,
los enamorados,
todo flecha,
        todo extinción,
                todo designio.

A mí,
de la uña y ser,
qué me duele.
Dónde el alma se confunde,
coriácea,
sensible,
con la quitina.

Allí las gambas,
y los alcatraces que en el borde
de la almeja,
          limítrofes,
                    anidan.

Oloroso de los mares,
de las sales,
mi suicidio:

Allí prospera,
cetáceo varado se diría
zarandeado en los escollos,
a plomo concebido y necesario
en desnucada vertical,
cañón precipitado,
grávido grito.

Los idiomas lindan unos con otros,
igual que las distintas especies se tocan,
tú aquí,
yo allí,
en las praderas.

Cuernas de los entreverados ciervos,
los labios del antiguo habitante
bendijeron el rafe estricto,
ambiguo,
de antílope y gacela.

Perfílame,
dame el espacio,
el búfalo y la cebra,
otórgame el benigno beneficio
de la salvífica frontera.

Qué múltiple es tu voz
y beatífica.
Así los jardines del mundo,
y la garganta ubérrima,

bajo los mismos cielos,
bajo la misma lluvia,
y de la misma tierra.

Déjame tiempo para pensar en lo que soy,
en lo que somos,
trae los cerebros.

Trae los cerebros de pensar y deshacerse,
sus admirables locuras,
caprichosos embelesos.

Circunvoluciones les llaman a desvanes,
pasillos,
recovecos.

Dame los balcones de las calles del mundo
con sus flores,
y las chicas pasajeras,

qué poco duran,
las riegan con un agua
de hora y tiempo.

Dame entender,
pero muy poco.
Allí donde nada es verdaderamente nada
yo más habito,
mejor me acoplo.

Tráeme,
junto con los sesos,
la turbera.

Allí prosperan los morados
pensamientos,
los trashumantes grises que navegan,

envuelven en un viento
de gasa y niebla.

Mucho se confunden
con la memoria y el sueño
los anhelos,
olor de isla y lana,
olvidados ornamentos de la tierra.

Lo más absurdo está en mi lengua,
en la punta,
encerrado en la saliva,
capullo de crisálida.

Escupo,
aún sin formar,
la pupa destrozada,
a conciencia detenida,
abortada,
de la palabra.

Allí sale,
proferida y exiliada,
al aire
y desnuda,
alevosamente degollada.

Qué balbuces,
mamífero labiado,
el intrépido,
el de la boca osada,

el que sorbió la mama adecuadamente
y la soltó,
aventura eructó jamás imaginada.

Como humo iba yo,
iba yo claro subiendo,
que me traspasaban los pájaros,
no me advertían,

ni las campanadas tiznaba yo,
limpias me atravesaban,
no me sentían.

Iba yo en columna deshecha,
sutil,
que el monte transparentaba,
todo gasa yo y partícula,

el cielo parte de mí,
tan azul yo de él
y tan brillante,

que era raro mi aire
y ser,
luz de la carne,
y no se me veía.

He estado allí,
loco,
donde nada se entiende,
y es buen lugar para los bobos

del perdido cerebro,
donde somos felices los del extraviado
sentido,
en sitio ignoto.

Allí los orates dedicados
felizmente a sus cábalas
transidas,
y transportados antojos,

beata la iluminación,
el juicio trastornado dulcemente,
miriadamente troceados,
caleidoscópicos.

Cuerno del día,
cuero de la luz,
al alba los talabarteros trabajan

prensando,

Coriácea es la piel que persistió,
que resistió,
rinocerontes del día,

rejón varado.

Dura locura de africana percusión,
cómo se llaman tus vejigas,
las tensadas,

temblor de crótalo.

Es ésta al cabo mi sonaja
y concha,
cuenta librada,

collar desensartado.

Calcáreo a mí se me pensó,
y así me desarrollo,
rociando un blanco semen en las playas

de lágrima de nácar y alabastro.

Mondo es mi pensamiento
como el ojo
sin pupila.

Yo soy la esfera blanca,
inmaculado pedernal
donde la nada rebrilla.

Es éste mi discurrir absorto,
beatitud de la inopia,
mansa ledicia,

cordajes que al cielo suben
sin sostén,
oscilante escalerilla.

Dios estaba descansando,
descansando estaba
como el gran cetáceo rendido
en la ensenada,
Ahab de guardia.

Ahab el tenso y avisado,
furor de los tuétanos,
médula el fuego de San Telmo,
la vida vértigo
y alarma.

Mi amor tiene patas de flor,
sombrero de teja,
risa de paja.

Tiene el canto que chirría,
bisagra de quid azul
de golondrina que pasa.

Golondrina que abre y cierra
el portón de la mañana,
las cancelas oxidadas.

Mi amor tiene la torre sola,
y un sol polluelo
que el pico mata,

ceguera de los adobes,
ejes deshabitados,
estupor de la espadaña.

Tenme ahora de la mano,
de la mano tenme,
mi sostén y compañero,
en las barandas,
equilibrando pesos.

Si voy,
si aún no es la hora,
la vida es sola,
espera,
cógeme al vuelo.

Calle de los plátanos,
travesía de las magnolias,
apuntadas son las verjas,
niños en los encintados mueren,
es verano,
y es silencio.

Niños en los encintados,
la farola es ojos
y los motores se oyen a lo lejos.

Dulce presagio,
gasolineras de Hopper,
desahucio y presentimiento.

Los trozos de cielo
se desplomaron duros
y afilados,
con aristas,
luz y cuarzo.

Como alas puntiagudas de vencejo
en un ojo sorprendido,
todo él pozo,
sed,
ahogo y fango.

Todo él rendija obtusa,
abertura del tiempo
y la eclosión,
el mordisco la invisión,
la talla tajo.

Dame luz y tristeza,
sobre llanuras y pozas,
longevas marismas que el tiempo arropan,
consuelan,

manglares de ojos de caimanes detenidos
sin más vista
que la gran extensión plana
sin frontera.

Apartando estuve yo los huevos y las dichas,
transparente era lo turbio,
y lo turbio era la luz
de una quimera.

Tú y yo,
y nuestro barrio inoculado,
transitando por la vena.

Qué locos éramos,
domadores de tumores y de cánceres,
cocodrilos por montura,
y el mordisco como estela.

Destrózame en trozos vivos,
tú, el gran poder y puma,
molino de la memoria,
que todo lo abrasa y rotura.

Repárteme en las flores del disperso cacto
que en las áridas lomas abunda,
el guiño calvo de la pita enceguecida,
ojo la hoja,
pestaña púa.

Y arrástrame todo polvo tú,
y yo en tu aliento,
en mutuo calcinamiento envueltos y hechos uno
sobre la blanca tos enferma,
caliginosa,
de la llanura.

Qué gran diente eres y aciertas
en píloros,
ocultos interiores,
secreta encarnadura.

Como el alto faro y solo
la luz arroja,
vomitada sobre la inmensa nada,
la arcada distancia oscura.

Tú el ano de mi ser,
y esfínter-angostura.

Vi yo tu nave llegar en la llama
nocturna del cometa,
loca bengala sin sentido en los cielos desmirados,
por inventar la ciencia,
y la curiosidad estulta.

Estaba el hombre aún en yemas,
redondo,
todo él breve y entero,
reducido a inmensidad,
vasta clausura.

Dios,
antes de serlo,
nada sabía,
mucho menos después de ser,
abrumado lo vimos,
las trayectorias tantas,
tanta la órbita desmandada y profusión,
estallado el huevo en mil miríadas.

Así vimos al dios,
ganso de emigración huidiza,
por qué ano,
por qué razón
y pensativo orificio hacia las nadas disparado
y expelido,
hermosa ventosidad,
pedo magnífico de la humana investigación
y mundo
en su fulgurante frisar
por las materias ígneas.

¡Ay, la achura dispersa
y arrojada,
la blanca asura!

Los cuerpos,
cuando adoptan la postura de acoger,
asimilar,
        ven a mí,
        no sufras,
cóncavos son,
y en torno protector el círculo procuran.

Mi amor dulce-joven-nada
que a mí,
por la distancia y el mar
vino sin púa
ni veneno,
cómo al arribar
y al posarte rezumaste escocedura.

Mi amor del ojo amable,
el gesto tierno y vegetal,
la superficie suavísima
que a veces recorrí,
era el labio redención
cuando rió,
divina remisión el pozo de la nuca.

Lo que yo te contaré,
sin palabras,
como pinnípedo que soy,
cetáceo,
flora.

Lo que yo te contaré,
eso se te quedará en los estanques,
porque ya está,
espermesperanza mía,
en tu memoria.

Dame la mano,
a través de la ventana y de los marcos,
del hilo de los cielos
y cristales

y traspasa,
a través de los huesos extendidos
y las ansias frotadoras digitales
inconformes.

Vente a los desiertos de hambrientas flores
con tu yema,
ay, dámela,
la guarde en los estuches y en los cofres.

Dame con tu ala y alta montura
el bucle de la risa y la dicha,
que hipe por trotes sacudido,
y cabalgue.

Dámela a mí, el joven.
En mitad del mundo inacabado
y los espacios inestables,
no me abandones.

Lo que aquel día había entre los cielos y explotó,
bombilla,
electrocución,

sobre las árabes mujeres y el embozo
de la transfiguración.
Allí la cigüeña expiró,

hecha espanto puro
y quid y eje,
y reverberación.

Lo que aquel día sobre las pozas agostadas resistió,
vertical y cegador,
como es el último momento

cuando habla,
llameante y decisorio,
el voraz círculo del sol.

Y si te he de decir la verdad,
no me acuerdo del día,
ni de los sesos que por el camino dejamos,
pensativos,
la corona de los pétalos que por el jardín caían,
ya sin reino y por la noche,
caducos,
paso a paso.

Si quieres que te diga la verdad,
mudo estoy,
y sólo de mí queda,
junto al río titubeante que allí hubo,
el borde indescifrado,
siempre limítrofe y ajeno,
del irse ya a tocar,
del no tocarse aún de nuestros labios.

Flores sin día
ni raíz,
ni tallo,

y un flujo,
un tropel
de animales descornados.

Así el deshacerse de la roca
en arenisca,
que por el cauce baja grano a grano,

todo brillo del sol saurio
que hubo y se secó,
mira los destellos del mosaico

que ruedan y se apuran,
molienda de espino y de lagarto,
espejeando.

Miríadas de mica,
sin lengua balan los cráneos,
tribus de feldespato,

las órbitas vacías,
un festejo de alacranes
en cuencas enroscadas anidados.

Gime,
lengua,
despotrica improperios de badajo.

Protesta,
arroja en la honda
zaherida la brecha de los pájaros.

Aparece,
disonante,
desgozna el quicio y las bisagras de cuajo.

Cizalla de silencios,
metálico rebuzno,
abre a mordiscos la chapa del engaño.

Metralla de acericos sea la voz,
radiante coz que escinda filos,
guillotina de cuchillos degollados.

agosto

Ser la vida en este rato
que transcurre en breve soplo
es ir dejando y perdiendo,
recuperando los trozos,
recogiendo ahora y luego,
derrochando generoso,
como el criador prolífico
y el pescador habilidoso.

Por el río descendemos,
el del discurrir moroso,
nos merma el flanco la orilla
con su roer amoroso,
desfleca nuestra sustancia
en los bajíos lodosos,
la deshila mansamente
en los amenos escollos.

Cuando los ojos de mirar
en busca de la vista,
a ciegas,
fueron mandados.

Y ellos por los campos fueron,
atentos,
el extravío avizor,
sin ver mirando.

Lo transparente y lo opaco,
lo diáfano y lo turbio
sin ver, sin ver,
lo fueron todo atravesando.

Los hijos del mirar,
la niña oscuridad
sin fondo ni final,
el pozo deslumbrante escudriñando.

Te miré al orificio de quererte
como tentáculo,
            como conducto
a orlada vulva alveolada,
que se abre y que se cierra
y se estremece,
palpitante,
que se frunce y se relaja,
lábil labio lobulado,
festoncillo en danza.

Al centro iba yo todo ataviado
de puntas refulgentes y de dagas,
cilios del hechizo sinuoso,
flagelos de aguijón secreto,
ponzoña mansa.

Cienos vaporosos que al paso de la boda
diminuta en soplos anunciaban
futuros babeantes,
mórbidos jolgorios,
y la gelatinosa añoranza,
todo esfínter,
          todo corro,
                   todo orla,
que la branquia membranosa
graciosamente abanicando levantaba.

Shh,
calla,
rama que cuelga,
rama que pende
y se cimbrea.

Shh,
detén el aire que ya viene,
que jugando en vanas espirales
se revuelve
y se menea.

No digas nada,
látigo y fusta de los pajaritos muertos
de la mañana,
que se vuelca y vence,
vertiendo alas.

Shh,
calla tú,
el silencio que alborota la hojita cuna,
la hojita párpado
y la telaraña.

Ojito sin luz ni madre,
soplo de inopias,
mécete en babia.

Adónde vas tan resuelto,
niño sin signo ni norte,
valiente bajo el castigo
y justicia de los soles.

Adónde sin la visera,
horizontes cegadores,
adónde sin gorra ni nube,
corona del alimoche.

Adónde, mi niño intrépido,
osado por los rigores,
el piececillo descalzo
salvando los escorpiones.

Dónde está el manantial,
alivio de estos rincones,
aquella fuente que hubo,
agüita que ya no corre.

La brisa que aquí sopló,
la de los gratos frescores,
niño mío adónde irás,
sombrita en los resplandores.

Los niños,
como los dioses,
como el tiempo o el barro,
estaban en los sitios.

Estaban en oscuridades los ojos abisales,
con sus luces.

Hermosísimos los barcos que la vela llevaba,
dame los vientos,
a las orillas todas de las islas
y atolones,

esfínter de los mares deslumbrados,
aturdida vulva que balbuce.

No te diré yo,
gusanito que el mundo arrolla,
la palabra que despierta,
el susurro entrometido,
el insidioso aliento.

No te despeinaré
ni apartaré la babita amorosa
yo,
no haré que se estremezcan las sustancias,
protectoras de los sueños.

No,
huevo y fragilidad y embrión
que los fértiles huecos ocupa,
dulce regazo,
en sostenido secreto.

No yo los hilos cortaré,
no sorberé con larga lengua yo,
indagador de los úteros,
la luminaria consciencia,
los futuros suculentos.

Dame entendimiento
que lo ininteligible descifre.

Dame grandes orejas,
dame la montura domadora de las ondas
que por los silencios vienen
de las salas de los cines.

Por las selvas que hubo,
cuajadas de elefantes invisibles,
y el ubicuo graznido,
sucedió el tigre.

Dame la oscura duda de los bambúes,
súrteme del reino de la niebla,
confines grises.

La jungla inmerecida que un día tuve,
que yo con técnica y estudio
la rescate y rehabilite,

y en húmedo recuerdo a la sombrita
de una parra,
rugiendo,
la conjure y la imite.

Venía el rejón en mi busca,
y yo lo sabía,
y lo recibía.

Yo estaba en la alberca y bidón,
y arriba miraba,
por ver si la puya,

por ver si la grúa bajaba
a la poza con ganzúa,
que me ensartaría.

Por si la garza de hermoso airón
me devoraba,
por si me atravesaba la grulla.

Al filo presentaba el corazón,
por si una sangre profusa
de mí la charca teñía.

No te acuerdes,
ten la memoria salva
allí donde te abstienes
y dormitas,

mi amor del mundo en brazos de la cuna,
y quédate ovillado
donde nada quiere ni pretende,
y allí habita.

Quédate tú en la amnesia y ciernes,
esperma esponjado que allí espera,
la blanda inopia,
espesa espuma de los días.

Mi gusanito y germen,
amor del mundo,
allí donde nada nunca ha de ser,
y un aire irrespirado en el pulmón se agita.

Yo iba triste sin tus días,
que los míos anhelan,
que en otros despegados se despliegan,
paralelos.

Ay, alas del cóndor en los aires elevado,
quién las tuviera.

Deslizarse por los cielos
y abarcar la tierra entera
con sus limbos,
con sus tiempos,

con sus besos ya pulidos y limados,
como piedras.

Adelante tú,
niño de las horadaciones,
por la vermicular topera,
        la honda,
        la ciega,
que la gran locomotora de las oscuridades
a tu frente
y túnel de resplandores venga

de lo súbito,
de lo penetrable y lo recóndito,
guardián celoso de las menas.

Niño de las adoraciones,
todo larva,
      todo foco,
        todo sonda,
todo introspección y tea,
broca severa.

Ríos de la cal quieta,
aquel dedo que a tocarte fue
y un aire detuvo
de escamas y de vértebras.
Tú me tronchabas,
el beso fino,
falange enhiesta.

Tú del gélido apartarte
y espaciar de las veredas,
que así cegabas los abismos diminutos,
regazos ocluidos,
selladas grietas.

Río de las sonrisas,
anchas las alas de la noche eran,
del errático cobijo.
Al ulular yo me iba de los búhos,
tráquea inexperta,
virgen la arcada paritoria
que egagrópilas eyecta.

Toma y alza lo que sucedió,
y lo que no,
como el reverso y su alta ofrenda
oculta,
la reservada,
la expuesta.

Toma y alza el espanto luminoso
de los pájaros que la luz libera,
los ojos todo grito,
las alas desgoznadas del disparo
que los quebrantos festeja,

socorros las heridas,
auxilios los boquetes
                    y las brechas.

Ven, miriápodo,
de la furtiva andadura.

Del infinito silencio,
la sigilosa oruga.

Ambular de plata y noche,
que la luna supura,

lágrimas de pus en la hojarasca,
zumo de pupa

asciende al cielo machacado,
riega la altura.

Planeta de los árboles,
recibe la lluvia.

Los árboles del planeta
que un sismo ausculta.

Raíces de los árboles,
que el astro cruza.

Planeta de los renos solos,
triste sol de luz difusa.

Aurora danzadora
de gansos y lechuzas

que el crepúsculo rasan
de azul gamuza.

Pluma del edredón,
blanda pelusa,

virutas de algodón
barren la tundra.

Del fuego

I

Un rayo vino a la rama
que tembló suspendida

bajo mi mano,
yo te decía:

a la eternidad yo me voy
en tu barco del día

breve,
y a los mares alumbrados de la dicha.

Un rayo de pájaros
que a plomo se hincan,

crepitan fuegos y chispazos,
el arpón descubre la pupila.

II

Yo tomé la línea diáfana
que tú seguías,
el trazo limpio de los fuegos
que por la noche surcan
el sueño humano
sobre la tierra fría.

La infinita tierra

de mariposas dormidas,
las manos tuyas en las mías,
tiempo helado
del meteorito infatigable
que los silencios calcina.

III

Niño mío de luz precipitado,
yo soy eléctrico y delgado
que a tu encuentro fulgurante va
por los espacios.

Niño de la deflagración
pavorosa en los regazos,
sol cachorro
en gasa amortiguado.

De tu pestaña en llamas
el ascua tomo yo,
que vaya por los campos
incendiando.

Niño mío de nocturna procesión
y fulgor fatuo,
sisear de las bengalas,
murmullo de los hachos.

Cuadernos de Lov y Luv

I

Lov grande en pedernales,
colisión redonda,
Luv cráneo.

Hueso de las sonoridades
en fracturas atrapado,
Lov de las sienes,
Luv de temporal quebrantado.

Ver como la cabra la peña luminosa,
balbucir como el cordero
la palabra coronada de los cardos.

Allí mi urraca y grajo,
allí la carraca carcajeante
del arrendajo.

¡El élitro,
          Lov, Luv!
Endrinales de calcinación,
fragor de bueyes ~~calcinados.~~
incendiados.

Niños grandes,
con barba,
a la espera.

Niños con cuernos,
herbívoros,
pacen carne en la ribera.

Difusos,
transparentes,
y a la luz primera.

Niños de las consumación,
sobre el mostrador
la amnesia.

Burbujitas de extenuación
explotan vanas
como quimeras.

Baba del bebedor,
labio balbucidor,
alba y cerveza.

No pasa nada en la herida,
nada pasa en la pus
ni en la amargura,
va la sajadura a su ser,
y un cáncer besa con mimo
los labios de la sutura.

Nada en la almohada
ni en la llaga que supura,
nada en la fiebre pasa,
nada sucede,
mi amor de la frente vencida,
muro de la hendidura.

Nada en la escala tendida
de la hiedra profusa,
nada en la risa de ayer,
que al cielo iba,
nada en la brecha florida,
y la joven calentura.

Estaba yo en el borde,
justo donde la salud se pone enferma
y la enfermedad acude a la salud,
toda gala y como en bodas,
las arracadas sonoras,
las arras espejeantes como un oro
que en brilla el cedazo,
jovial,
la risa de los fangos.

Guiños del agua viva que a los ríos
corre destellante,
las barcas de los hombres
lentejuelas son de un alba renovada,
gema sin tacha.
Van los peces al oxígeno sin menoscabo,
esquivan los anzuelos y reclamos
y escapan,
sin mella el brinco inmaculado.

Otear,
en la exacta cima
y culmen del pináculo,

en el quid del equilibrio
fino y eje
principal del espinazo,

como en columna,
otear en torno de pilastras
las cuatro puntas del espacio.

Ay,
cigüeña alta de la precisa torre,
toda veleta y pararrayos,

dame tú la vista y ala,
y esa quietud clavada y vertical,
vigilante de los llanos.

Poleas
por las que a las cuevas bajo
y a las fauces,

mundo atravieso de hilos
y murciélagos y velos,
y traslúcidos arácnidos.

Al abisal vientre de la tierra
me concedo,
descendiendo de las sogas

que al cielo me atan,
avisaré yo a los ángeles y estrellas,
que me alcen,

cuando toque yo el infierno
con el pie,
y la punta de la lengua del gran sapo.

Menta teníamos en la mesa,
que bien olía,
y un aire de ventana
abierta hacia los campos,
que el sol pasaba con la brisa,
meneaban las cortinas,
ay, novio y novia parecían,
velo al viento,
recién casados.

Menta teníamos,
y así de bendiciones
colmamos el espacio,
paraíso de las habitaciones,
las puertas cancelas de la dicha,
nosotros pájaros y ángeles
que los mundos ventilaban,
todo alas,
todo risa,
de cuarto en cuarto.

Sabré ser de mayor
el puntal que se hunde en carne,

la risa que en polen se zambulle,
toda ligera de oros y elefantes,

irisada todavía
de infantiles ebriedades.

Pretiles míos de mi virgen
desavío y descalabro,

se me iba al accidente la rodilla entonces,
costra era el alma de alborozos desollados,

mi reino terraplenes y la linde
venturosa de acequias y barrancos.

Fulminante era el arrojo sanador,
y la ortiga acolchaba el descampado.

Yo adónde voy sin ti
y sin los manillares,
en las vespas locas,
                    en este aire.

Yo de la exhalación con esta risa
y esta falta de oxígenos
y puertas,
                    y de edades.

Yo con este viento
del mundo loco en los flequillos,
qué haré tan liviano,
                    en las velocidades.

Este es mi pie de luz
y de vencejos,
todo yo la viva sombra
                    en los umbrales

de la tarde y los ailantos,
que tuya fue conmigo enormemente,
cuando era el cielo un derramar
                    de lágrimas fugaces.

Nada vuela,
nadie vuela hoy,
sobre la tierra,
todo es rastrero.

Todo y la niebla
del dulce párpado,
previamente bendecida,
que de algodón se cierra

y sueña,
pesada,
en los barbechos.
Loma del gentil morado,

que tortugas sueña,
quieta está,
como los cielos
que se incendian al ocaso.

En el estómago yo nací,
arrebol,
de aquel lagarto.

Nada nieva ligera,
mansamente.
Nada con cascos protectores,
en naves blancas que descienden solas,
sin piloto,
vanas,
hueras.

Son estos los sesos benignos
que me sueñan,
son estos los úteros benditos sin el huevo,
soy este yo,
que blandamente nieva
el copo del candor
y la inocencia.

Ay,
limpieza pura
del caer inexistente en el silencio,
cuajar de la mentira inane,
envolvente,
dulce verdad de la blancura
que la negrura encierra.

Loco estoy porque no tengo ojos,
tonto porque no tengo lengua
y balbuciente,
sordo de ti se me hicieron las orejas.

Voy por las charcas chapoteando,
de loto en loto
voy saltando feliz y sapo
y atrapando libélulas.

Blap-blap, flop-flop,
hago ruidos con mis patas de amor
y latidos de membrana
que a los sentidos cortejan.

Ven a mí,
macho de la luna,
hembra del sol oscurecido
que las lagunas preña.

Soy todo tuyo y balsa y poza,
todo seno,
mi buen rayo y luciérnaga esmerada
que en soñados reflejos reverbera.

Yo no te quiero nunca,
más que,
alguna vez,
en algún sitio,
cuando la vasta llanura o una voz,
que por ella se extiende sin medida,
la procura.

Yo he nacido desconocido de ti,
eclipse y luna.
Pero obliga el cielo,
que es azul,
y de luz la mariposa frágil,
brava,
que va a ensartarse prístina a la púa,

toda ella sacrificio y plenitud,
toda expulsando magnicidios impolutos
con las alas,
toda ofrenda de la confusa carne
que se extingue,
que porque nace redime,
que porque muere subyuga.

Santo niño de la aventura,
adónde vas,
guerrero,
por la campa desnuda.

Nada que conquistar,
nada que desentrañar
sino vana sepultura.

Sepulturerito del bosque
y la espesura,
rostro de calva sorpresa,
larvitas en la boca
fosforecen gordezuelas,
babosas de lengua muda.

Lenguas de la noche pálida,
ojitos donde la luna duerme
y se acurruca,
ilimitada,
la espiral del mundo
que el sueño arrulla.

Niño santo,
monda aventura,
pelado el cerro,
rasa la llanura.

Qué tomarás,
de los adarves,
almenas son melladas dentaduras.

Dime de la persona ahora,
cuando vuelvas,
el gran hallazgo perforado de los sesos,
el ojo mondo que a las entrañas va,
de privilegio y azabache,
donde moras.

Dime de la persona el gran hueso plano
y la laja que el borde alcanza,
límites toca,
allí donde el vuelo se alza hermosamente
de la piedra,
y un vértigo granítico se asoma.

Desciende,
todo tú aparición y pasmo,
con gran chirrido de roldanas y de trócolas.

Todo tú espectáculo astral de resplandores,
todo tú lluvia de pétalo-estallido,
desciende de celestiales tramoyas.

Todo tú maroma y explosiones,
repartidos intestinos y metralla
de entrañas milagrosas.

¡Baja!
¡Cae!
¡Estrella ya sobre esta tierra clamorosa
tu vientre de lujos y piñatas,
revientate de mundos oscilantes,
pare y explota!

Dónde estás,
espora,
lepiota diminuta y hongo
que me convoca
desde los musgos,
entre las hojas.

Dónde,
son que entre la pútrida
materia cálida
zumba y rezonga,
babita blanda,
linfa viscosa.

Vengo yo de campa adusta,
llanura monda
a tu sero y pus
y a tu mador,
veneno que el ansia cura,
agüita bendecidora.

Niños rotos,
sarta de escápulas,
añicos del hombre quebrado en trozos,
piezas que yo reúno,
conformo a mi amor y queja,
como ánfora partida recompongo
que en los cienos aguardaba,
la santa esquirla oculta en lodos.

Los fragmentos yo pego con saliva
que guardé para el hallazgo,
sumergido.
Neptuno soy de los verdines,
broncíneo,
herrumbroso,
salvador de los siglos me encadeno
con ciegos eslabones a los fondos.

.

De las piedras,
yo la primera,
la que inaugura y quiebra,
acierta en la frente inmaculada
y atraviesa.

Yo la que rompe temporales y sacude,
va,
profusa,
hasta la nuca virgen,
donde florece y medra.

Yo de la sarta pulida
la que quebranta y hiende,
y viola
y sangra
y se apodera,

arroja astillas de los cráneos y voces,
que en corolas reventadas gritan,
y en bramido de flores trastornadas
deshacen coyunturas,
pétalos liberan.

Yo la primera piedra adelantada
y bala sola,
pionera,
que rompe la vitrina del espacio
y en la niña del escándalo
jaurías suelta.

Quédate conmigo,
mi grande,
mi benigno destructor,
en esta vaciedad suprema
e indolora.

Absuélveme las lanzas irrisorias,
las puyas romas que desprecias,
barrena inútil de aquel seso
que fue bravo,
hoy tan dócil.

En los tiempos de tu reino cruel
que sobrevino,
véngate,
mi fino escindidor,
trepáname ternuras y memorias.

Contigo en la baranda
suspendida,
contigo,
con quien solía.

El monte mirando
y lontananza,
que tú miraste
en compañía

de quien faltaba.
Dichosas fueron las tardes
que habitabas,
abstraída.

Mirando al llano estoy sin ti,
que ya no miras.
Vuelven las aves de las eras
en tropel,
como volvían.

La baranda me imagino sin mí,
que faltaré.
Quién mirará por ti,
por él,
en la baranda vacía.

La luna verde,
el lago azul,
descansito blanco
donde duermes tú.

Blanco descanso que flota,
vapores de gasa y tul,
rasas mortajas que vagan
como alientos de grisú.

La blanca luna
y el sueño azul,
un búho de sombra ulula
uhú, uhú.

Dolores de pájaros que emigran el cielo
cruzan,
llagan,
persignan la alta nube espesa
aves de la encadenada herida
en larga sarta.

Pájaros del grito agudo,
del destino enmudecido
derrotas rasgan,
eslabones de clamores y quejidos
que a nada atienden,
ni a nadie llaman.

Abanderados pájaros de sábanas blancas
por el techo de cerebros trepanados
croan y graznan.
Aves de cuellos estirados
al degüello,
desplegadas las alas amputadas.

No me digas las palabras del borde malo,
de la hosca frontera,
dame un campo de hermosos cardos
sin pelea.

Morado es el color de la loma
asoleada y negra,
blanca la flor que al paso de la sombra
danza y se menea.

No me des la flecha asaeteada,
el filo de la guadaña que siega.

Tiéndeme en las eras
de la noche que viene aún,
que aún se acerca,

demorados los pliegues de tu falda,
de añiles lirios,
y de rojas azaleas.

Cualquiera sabe de ti,
el que no avisa,
yo a lomos del vencejo
voy y me pierdo,
donde la estrella toca,
estremecida,
el filo de sus alas.

Cualquiera de su estadía
y alta estancia,
en brazos voy de la luna
y golondrina,
son mi cuna entremecida
los cabos de tu hamaca.

En caballos y relinchos
voy sin tino
hacia dianas,
mi noche es clara y pura,
segura es mi ruta,
única e imantada.

Por allí verás como cometas
mis luces incendiarias,
la larga estela,
allí donde el ángel reactor
eyacula luminarias
y un vuelo sin motor
dibuja vías lácteas.

Gacelas de sueños elegantes
que los desiertos visten,
la sed es una flor radiante
en cardos de la luz,
silencio el paso de los pumas
invisibles.

Será el dedo la serpiente
que la ese dibuja en la duna,
gotas de esperma componen la diadema
de la fuente,
que la lengua va apurando
una a una.

Gacelas del yaciente cuello
en lomas azabache,
dame la luna hincada
en los ijares,
que al paso surte
de mi vientre.

Dolor estaba al firmamento
pariendo como rayo
en noche ardiente.
Fecundo el alacrán me hunde
el aguijón,
rotundo de alivios y de fiebres.

Gacelas de las fugas
en saltos escapadas,
desbandada estampida del espanto,
estalla en fulgores la metralla
infanticida,
repartiendo degüellos como pájaros.

Chico de la compleción,
de la cumplida traza
que el borde borda
y trasciende,
aún rebasa.

Chico de la velocidad exacta
en el exacto punto
que va y propende,
ligeramente acelerado,
y se propasa.

Chico del redondo círculo
que empuja y tiende
hacia el polo y la esquina incompensada,
que el equilibrio inclina,
descompone la balanza.

Adónde vas,
sesgado,
por la justa medida que te sobra,
que te falta,
que infringes de algún ímpetu excesivo,
y ley quebrantas.

Adónde,
culmen de hermosura rebosada,
que van los buitres en tu busca,
los voraces,
sedientos de tu hervor,
celosos de tu garganta.

Por tenerte dos veces,
yo te imitaba.
Porque me era poco una
yo tu gesto remedaba,
adoptaba tu postura caprichosa,
la sonrisa displicente,
apoyado el codo grácilmente en la baranda.

Después,
cuando desapareciste,
yo me hablaba con tu voz,
está loco,
        se decían,
                murmuraban,
pero yo era el rey de los espejos,
y tu voz me contestaba.

Y en secreta soledad,
que nadie nos escuchara,
yo le hacía cosquillas al silencio
por oír tu carcajada.

Genio de los ratos libres,
cérvido y vistoso,
que incauto sorbe los venenos,
la hierba tasca inane
y flor sin savia,
y por la peña salta
y se apodera,
musculatura ligera,
de los cielos suculentos.

Genio e ímpetu,
héroe de los espacios sin soporte,
que tienden trampas sobre simas,
pisa con tu ala y tu pezuña,
berreador del arte y las hazañas,
la huera altura,
que el vientre de la tierra se abra
y te perdone,
y te suma maternal en sus entrañas.

Del fuego

IV

Cometa mío del largo impulso
en la estela infinita proyectado,
que arde y que se quema
y muere
en último estallido refulgente
de sí mismo incinerado.

Amor sin causa en bólidos
de ardua lucha conformado,
se encela el cielo de tu fuego
y sufre,
de azufres que quisiera antagonista,
y de llamas superiores despreciado.

V

These are the moments
éste es el fuego,
let us seething needles call them,
these are the flames,
the stabbing stars
and balls afire.

Us ablaze in blinding flashes,
let us call them aching
ashes,
glaring spirals,
raging tongues

and burnt up flowers.

Ay, mi daño extremo y el amor
que punza
y que se ensaña con tizones
en el ojo de los sueños,
mi vehemente atizador,
my biting edge and drilling wire.

There goes through spurting skies
my earnest arsonist
and torch,
soar up and scorch
this trembling pole
in embers dire.

Adonde la tristeza voy
y me detengo en la inocencia,
al perro acaricio de piedad,
al cachorro de la lástima,
y blandamente piso
la flor de la paciencia.

Allí vuelco los cuencos,
vacío la cesta
de todo aquello que esperaba
y no llegó,
como si darse fuera un pasadizo,
la última puerta.

Adonde el pétalo acolchado
que en aquel rincón secreto
del jardín cayera,
adonde ya no hay el olor,
sino el recuerdo del olor
del pútrido jazmín,
la fermentada madreselva.

En los navíos iremos,
muy sin rumbo,
en los navíos raros

frente a las extrañas costas,
las volantes,
las que entrevistas rilan

irreales,
allí echaremos las anclas,
trémulos cabos.

Ésta es mi india
y mi vigor
extenuado.

Por el aire y soplo
del mundo y monstruo
somos llevados.

Allí el resplandor de la fogata,
allí los bailes y los mantras,
cantos profanos.

Como un amor a los escollos,
así lanzo yo la flecha del asombro
al corazón-color del papagayo.

Dame la sangre,
dame la isla de mí,
y el atolón imaginado.

En esta hora de la gloria,
cuando son contados los alientos
y el aire apenas respirado,
y es el sesgo del sol frío todavía,
e inhumano.

En este punto de la gloria ya limítrofe,
impuro,
los pájaros de la salutación
irrumpen a cielo vacío,
aún inconcluso.

En donde sólo la niña de una nube
estampa con su llanto,
despertada de improviso,
la firma blanca de aquel hilo,
o es signo nupcial de aviones reactores,
diáfano y efímero.

A esta altura de la gloria en ciernes,
tantean el silencio en que romperse
los sonidos
y se van acomodando los espacios inexpertos,
obedientes,
en su sitio.

Salimos nosotros al albur,
cuando no hay norte
ni sur,
y es brújula
el murmullo de la fuente.

Así salimos
donde se funden el este
y el oeste
y el avío es aventura
de extravío incandescente.

Salimos a la fortuna
y adonde mande la suerte,
al azar los dados
echamos de la vida,
por donde plugan rueden.

Desazón del día,
los guerreros del desasosiego
van,
por la cañada y trocha,
con gran porfía.

Lumbre,
y oscuridad del día,
los guerreros con antorchas
por la celada angosta,
sin luz ni guía.

Los guerreros por la garganta
del día,
sólo un silencio de ojos
despavoridos
que en torno gritan.

Niño de los dientes,
que vocifera,
niño feo,
sólo boca,
grito,
niño lamprea.

Niño todo alarido
que por el largo
silencio culebrea,
niño ventosa,
niño tubo,
niño morena.

Niño sin rostro ni frente,
niño que se prende
de mi vientre,
niño sanguijuela,
niño vejiga,
niño rémora.

Niño que me diluye,
niño que me disuelve,
todo hambre,
        todo gula,
                todo plétora.

Los niños estaban jugando con espinas,
con esquirlas,
como suelen.

Los niños cortándose en alambres
y nilos,
todos llenos de cocodrilos
y tijeras
allí donde importa y duele,
hermosas piedras como orquídeas en las sienes.

Los niños estaban
todo sangre
y suelto flujo en el quicio
y tajo del barranco,
hoja de las escorrentías.

Ésta es mi vena y amazonas,
éste es mi tiempo límite
en los ojos de la hoz,
y un vuelo segador de golondrina.

Te comeré la garganta,
lo sustancial de tu grito
que en la distancia hubo
y el conducto
donde el eructo nace,
repleto de elixires y de flujos.

Te comeré lo primordial
de tu ocupar y músculo,
donde el volumen se hace,
la carne
reúne en torno a la pasión
sentido y jugos.

Yo te comeré la cerviz que te sostiene
y erige el mundo,
donde el capullo ofrece su secreto
y florece,
        mudo de sesos,
        nudo de besos,
el occipucio.

No era yo donde creía,
ni habitaba cuerpo,
me hallaba allí desconcertado,
sin llenar ni quedarme,
vano y ligero.

Dame el suelo y la dirección,
dame el peso,
dame el lugar parpadeante
que la mariposa conforma
en las esquinas caprichosas
de su vuelo.

En ángulos de incalculada locura
yo tropiezo,
y el veleidoso desvarío
pespunteo.

Con el viento el hilo de la araña va,
atando el aire,
atando el sol destello con destello,
guiño a guiño me rompo yo,
florecido e inconexo.

Soy el vuelo loco dislocado,
aquí la llama arde apagada,
y quema el fuego congelado.

Yo con los animales lelo,
absorto y exiliado,
mi estómago es la flor que muerde
el hambre que los hombres desecharon.

Florece el cacto aquí espléndido e indómito,
la boca del lagarto ruge un pozo,
insonoros gritan los desiertos desposados
con el viento que aúlla en los collados,
y al amarse el cielo con la tierra
la sangre de los brezos parió el páramo.

¿A qué atiendes,
niña mía,
en esta noche de desvanes
resonantes
y de armarios?

¿A qué te debes,
vaporosa telaraña,
en mi alta memoria
de escobones como troles
y sobrados?

Ven,
capullo y seda,
ripio que se deshace,
mampostería tierna,
poyo blando.

Adonde ya no escuece
porque puse yo el verbo
del huevo inmaculado,
la arrollada escolopendra de los besos,
la baba balbuciente del limaco.

Cuadernos de Lov y Luv

II

Lov en dónde,
de los fusilamientos,
y en qué zanja yace Luv,
la raíz desarraigada,
y perpetuo el desentierro.

Mi país es una llaga y una pus
eternamente empecinada,
y así mi gente embozada en la razón
malsana
de la saña y escarmiento.

Ay, Lov el del arte hermoso
y sin la traba,
Luv del desusado atrevimiento.
Contra el muro
          está el futuro
                    destripado,
roturado el corazón y rastrillado,
no fuera suficiente haberlo muerto.

Nadie,
este sitio es solo,
menos los ríos.
Menos los ríos anchos
que siempre fueron,

allí los vuelos flotando quedan,
cernidos y en suspenso.
Si es el tiempo quieto,
el espacio la resaca
que regresa de un bostezo.

Lato el espacio,
el sueño espeso,
y el segundo que no pasa,
caimán varado que dormita
en la ensenada
del reverbero.

Nadie,
solo el sonido va,
lentamente en el silencio discurrido
como la onda de la estela
que resbala
mansamente en los esteros.

Esto no se dice,
esto que puede crecer,
abortarse,
que es jugoso y prolífico.

Esto no se expone
a los aires difíciles,
no diré contrarios,
no diré abiertamente adversos
ni enemigos.

Plumón del polluelo de los buitres,
el huevo esférico,
mundo frágil,
quebradizo,
sobre inanes briznas construido.

Y yo,
de entre los altos pinos,
en la copa del señero,
exhibiendo como un sol que tiembla
a la mañana mi plumaje,

sangrando por la boca,
como es debido y cuadra a mi linaje,
la larga culebra que se asoma
retorciéndose en el pico.

Dame luces que no quemen
en blanda oscuridad
de tenues alquitranes
y de fiebres.

Dame un zozobrar
sobre ondas negras,
toboganes de pez domesticada,
breas muelles.

Dame el faro del inconsciente ojo,
que ve en la noche
la derrota de los barcos invidentes,
las velas redes de la luna,
el navegar a tientas,
derivar fluorescente.

Dame la ruta azabache
entre dos búhos,
el pálido ulular iridiscente
en ondas de pluma de silencio
proferido,
que nada suene.

Dame la santa ceguera
penetrante
del rayo incandescente,
que el fuego extinto acoja
en su pupila las almas apagadas,
ascuas inertes.

Paso del ciervo admirábamos
y porte,
la testa alzada,
cuando al monte se subía,
todo él gallardía displicente,
y a las ciervas de luna líquida
bajaba
veloz por la pendiente.

Cerviz del elegido eje
y preferida encrucijada
de la espada
y puya combatiente,
que por romeros viene y alancea,
que por tomillos va y se aleja,
vana hojarasca
de trotes indolentes.

Reconocimiento y deuda
para con los sitios donde estamos,
cuya piel y deferencia pisamos,
que nos acogen y reciben y sostienen
solícitos,
magnánimos.

Deuda y amor a aquel lugar
donde nosotros,
de la mano del azar,
aquel día el mutuo hallazgo en rama verde,
cimbreada,
saludamos.

Lugares del haber y de la llaga,
los sitios en que fuimos
y aún quedamos,
es la gracia de la sangre
y el latido,
el segundo atrapado entre los labios.

Conjuros

I

Que te trate bien el día,
la piedra,
el contorno adusto,
dentado,
descabello y alegría.

El rostro puntiagudo del mondo
accidente y cachorro
de astro
aún apagado
que te mira.

Que te sea benévola
en la fractura y polvo
la caída,
y en el corazón se clave,
limpia y redentora,
la última astilla.

II

Amaestrado sea el ojo
de ver,
que te descubra lo conveniente
y lo proclive,
lo adverso vele.

Sepa juzgar y discernir,
deseche lo malévolo,
lo obtuso alumbre

con su ignorancia
clarividente.

Que florezca la sonrisa
en el desierto renuente,
y el sol vuelva a brillar
precisamente allí
donde amanece.

Mi vida plana estaba en la llanura,
a lo lejos el ribete de árboles difusos,
y unos montes que podrían ser
o no
        más allá,
donde lo oscuro se hace claro
y lo morado azul,
y un cerco de sombras se adivina,
indeciso,
                ligero,
                que puede ser la luz,
que sombra puede ser de brumas
confundidas
                y de velos.

Madrid, último día de agosto; septiembre

Blancos los niños
de la enfermedad,
y de los grandes ojos,
tupido el pelo negro desgreñado,
inocente astracán de rizo espeso.

Niños de los carbones
en la cima de un cerro
deslumbrado,
Ararat se diría,
en medio del desierto.

Así los cardos de pasmo y soledad,
vigías,
así la lengua del lagarto
que guarda la humedad,
flor de un secreto.

Blancos niños de la consunción
radiante
a horizontes miran miopes
del polvo y de la luz,
inflamablemente atentos.

De lo que tú me dices
lo que duele más escojo,
lo que antes sane y para siempre,
queme y restañe.

De lo que me dijiste,
lo que arrase,
lo que apure y monde,
ahonde y me rebañe.

Expongo mi ancho pecho y genitales
a tu roturación,
que hozando te goces
eviscerando te sacies.

De ti me devoro por la noche
y a alta cura yo me entrego
de entero cuerpo lacerado
y toda sangre,

y en la tabla de esta amplia alma llagada
la lasca aplico que me raje,
y santa hilera yo me hinco
de los dientes de un caimán innumerable.

Y luego veo,
según se viene el alba
y queriendo amanecerse se debate,
las máscaras de la hipnotización
gesticulante,

y las tabas escucho de sonajas
que agitan en el aire,
de una brea embadurnados,
los ángeles de la aniquilación
que tú enviaste.

Toma,
mi viva sobra arroja
a tus perros de inquina y hambre,
y esta carne que aún se azora,
inocente,
al feroz fervor de tus chacales.

De lo que dices,
mi buen amor y reja,
sierra benéfica e implacable,
el mejor filo,
el que abre la salvación como una tripa,
nido de gusanos corrompidos,
y eclosiones claudicantes.

Lo que no era falso ni existía,
yo lo cogía,
yo reunía el ramo de ofrecerte
absurda nada.

Pura alegría desnuda,
corola que se deshoja,
trino sin pájaro,
vuelo sin ala.

Luz no había ninguna
en la radiante ofrenda
que yo te hacía,
la rotunda y malograda.

Dame tu pecho ya,
ponlo en la mano
y déjalo reposar,
masa de la tierra desleída,
que yo me entienda.

Dame,
que la oprima,
tu oronda majestad,
blanda vejiga,
dame la llena oquedad maciza de tu pena.

Dame sin más,
en esta hora de la triste gana,
tu plétora de nada
y secreción,
y nata espesa.

Dame tu mollar materia,
que la sopese,
yo la universal balanza
del consuelo,
el ansia tersa.

Dame luz de los candiles mansos,
las noches quedas,
sea mi supuración de luna
en la indecisa fase
los azules repasares de tu lengua.

Empieza por te quiero,
absoluto y rotundo,
la declaración que yo me invento,
y en el capricho te estampo.

El jardín que yo planto,
del imposible ailanto.
El jazmín sin fin,
y del perfume blanco.

Todo lo que yo te digo es radical,
y te apunta al corazón inútil
que tú tienes,
el que no late,
y te corto la garganta con radial,
soy el áspero adorador
que venera impenitente tus espasmos.

Dime tú,
según te sajo,
para qué sin mí viniste,
sin mí y sin los cardos,
a estos fuegos de artificio del verano.

Ya nunca más,
sin labio,
te diré lo que,
sin labio,
aquel día de las fuentes,
los amenos jardines,
con todo a nuestro favor y del mundo,
quise decirte.

Nunca más ya
la vida volcada en isla relucientes,
la tiara de autómatas gaviotas
inertes,
elevadas,
y el etéreo horizonte sin sustancia
coronándonos la frente.

Así son los mares cuando piensan,
así el atolón disparado en la carne
de un océano sin sangre
y sin espasmo,
y sin consciencia.
Así lo más luminoso de la muerte,
cuando en las naves llega.

Soy la grácil rama,
pluma ligera,
soy la nada ausente de aquel aire
que el vapor último
del géiser lleva.

Soy la dirección sutil desorientada,
soy un humo,
soy un leve gas disuelto en pena,
soy aquel resto azul del pájaro provisional
que ya voló,
y el vano que dejó,
que un soplo llena.

Hágase en mi pecho
según tu prodigio y deseo,
hágase la zapa y abrasión,
y el necesario agujero.

Hágase en la plancha de mi esternón
taladro, capricho y beso,
y en el quid del pezón indescubierto,
indagación de trufas,
zahorí del terco azar
y bravíos hozamientos.

Sea en este cano vello ahora,
el de la calma edad,
la por siempre sin sosiego,
tu vehemente desbrozar,
tu debruzar ferviente,
y el rumiante desdentarse de los ciervos.

III

Lov estaba en los días peculiares,
la rosa encaramada en tallo descollante,
y Luv a caballo de marsopas y arroaces,
donde alienta el espiráculo
y rocía,
todo euforia de júbilos navales.

Estaba Lov donde el aroma ya hace daño,
como un polen de dardos y de sables,
y Luv en la gaviota fulminante,
que sobre el inmenso mar radiante
grita,
rebanada de amígdalas sangrantes.

Bola de demolición en busca de los cráneos,
gran bola que siega los cimientos,
abate los pilares,
cómo se apartan los espacios a tu paso,
porque te temen.

Bola monda en los desiertos firmamentos
sin paredes.
Cómo la onda prudente se esconde,
cómo la luz se apaga,
sensata,
y retrocede.

Bola de las demoliciones,
estrella de mamposterías,
quebrántame las sienes.
Brecha de rojas rosas siembres
en este hueso blanco,
flor de los parietales,
destrozo de la frente.

Tírame a la cara
y los días que vendrán,
duros y fértiles,
las flores,
los gusanos y la tierra
en red de telarañas recogida,
las hormigas asombradas.

Tírame aquello que ya viene,
abundante,
innombrable y perentorio,
el repentino descargar de la nube amoratada,
el rayo que fustiga el horizonte,
el trueno retumba y amenaza.

Tírame la verdad de la vaca productora
y la exuberante cagada,
bosta rociada.
Tengo en los labios el insecto que prospera,
y las larvas que festejan
exultantes en la baba.

Todo lo que dijiste y era mentira
ha arraigado y florecido,
dejado impronta,
árboles del mundo y rosas.

Todo lo que como fantasmagoría dijiste,
panoplia de puñales,
en el aire flota de arcoíris,
que llueve quistes y magnolias.

Todo lo que dijiste,
cigüeña cazadora,
ensartando está el batracio
en acertada hora.
Carrizos en mis ojos se hincan afilados,
garza de los amores,
que manan el asombro gota a gota.

Estaba donde están todos,
ninguno está,
estaba en salas de la espera,
en los corredores de los mustios niños
largos,
acompañadamente solos.

Donde ordenan enfermeras,
pantallas organizan
y megáfonos.
Estábamos todos y ninguno,
la común pregunta primordial
en la larva espantada de los ojos.

Eras loco,
niño mío,
feliz,
parecías tú el mundo todo,
cuando es posible y nuestro todavía,
tierno y cachorro.

Por las colonias ibas con euforia
y alboroto,
declarando con la higuera
y la celinda
la extensión del universo concebible,
y orbe redondo.

Niño mío entonces eras todavía,
abarcable,
,
cuando el barrio era aún humano,
y en dos pasos se medían
sus inmensos territorios.

Yo quería que tú te distendieras,
fueras menos,
aflojaras el cerco y límite,
diques rompieras
y fluyeras,
yo quería que manaras.

Iba yo con los bezos y la sed,
y avisado el olfato de las aguas,
ñú.
Yo iba con la intuición y ciego aroma,
sin demora ni tropiezo,
por la sabana.

Nenúfar de tu carne yo anhelaba,
propicia era la estación,
el trueno retumbaba promisorio en lontananza,
y a mis pies,
flor y guadaña,
cocodrilos del Mara me acechaban.

Qué país es éste,
sin exacto límite,
de la lengua difusa,
a cuyo pretil discutible
la confusión se asoma.

Qué país es sin vegetación propia,
de la extraña fauna que transmigra,
frontera indefinida que se esfuma,
evanescente,
cuando se toca.

Este país cuál es,
si es el mío de entre todos,
que en el bombo aleatorio vino a verme,
boleto de la suerte,
fortuna y tómbola.

Donde es raso el refugio
y la llanura arropa,
y es común locura entre la gente
que allí mora,
que cuando vuelve a casa siempre duda
si es la suya,
si será otra.

De la tristeza en ciernes,
de la pretérita,
el cansancio que se vierte,
rezuma,
el lamento inútil
y la queja que resulta.

Del mal incorporarse
débil,
del tenderse enésimo
en la estéril,
dúctil luz de la penumbra.

Del no sanar,
y ese azul merodear de la fiebre
recostada en tibia calentura
que no cede.
Labios son de parálisis las penas,
y envolventes brazos de medusas.

ÍNDICE

Ediciones Vitruvio

Colección Baños del Carmen

Últimos libros publicados:

Canto del Caminar, poesía completa, de Claudio Rodríguez

Sesenta sonetos, Pepa Miranda

Manuales, teorías y otros problemas, de Rafael Herrera Ángel

Aunque murmure el frío, de José Landa

Trazos, de Atilano Sevillano

Hacia la luz, de Antonio Capilla

City, de Ana Ares

Apertura y cierre, de Hilario Martínez Nebreda

El perfil de las dunas, de Lucrecia Hernández

Profecías frugálicas, de Hebert Abimorad

El cuenco de los haiku, de Modesto González Lucas

Entretiempos, de Salvador García Ramírez

En paradero desconocido, de Felipe Díaz Pardo

Clamor de almohadas, de Alfonso Ponce

Ruido de ángeles, Julio González Alonso

No le busques cinco pies a un verso, de José Ángel García

Vestido de verde hacia Nunca Jamás, de Fernando López Guisado
2ª edición

Este mundo comienza a no ser mío, de José López Martínez

La pecera azul, de Isa Pérez Rod

Quemadura, de Jorge Camacho Cordón

Inefable tierra, de Araceli Sagüillo

Cucharillas de café, de María José García Mesa

Hemodinamicamente inestable, de Ana Vidal Lagares

Las manos del sueño, de Jorge Alonso Curiel

Cuaderno del cajón sin llave, de Federico Jiménez Asenjo

En la sombra del día, de Miguel Gutiérrez García

Compuestos y descompuestos, de Santiago González-Varas

Carpe Diem Nocturno, de José Antonio Valle

Soñar, de Alberto Zamorano

Haikús en rama, de Pepa Miranda

Cuerpos acantilados, de María Jesús Beristain

La paloma de vuelo popular, de Nicolás Guillén

La luz completa, de Alvaro Fierro Clavero

Por las sierras de Ávila, de José Villacís

Glory hole, de Tente Garrido

Habitación al fondo del pasillo, de David Alberti

La derivas de mis sueños, de María José Pérez Grange

Este sol que va quemando las espigas, de Manuel Lacarta

Camada, de Pedro Alcarria Viera

Todos los cuentos son tu mirada, de Rosa Estremera

Me detuve, y toqué el silencio, de Vicente García Hernández

Cadena perpetua, de Pablo Méndez

Águilas, de Lucrecia Hernández

Canciones del ave en peligro de extinción, de José Pulido

Las horas del corazón, de María Rosa Echeverría

El abismo inmediato, de Pablo José Conejo

La soledad de la alegría, de Juan Andrés Pastor

Cuaderno de una traición, de Miguel Tornadijo

No lo sabía, de María Luisa Mora Alameda

Tina Turner en la cola del híper, de Nerea Ng

En la línea que dibuja el instante, de Isabel Fernández Bernaldo

Lugares comunes, de Ricardo Calleja

Instantes sin tiempo, de Migue Génova

Al fin, amanece, de Pepa Miranda

Balance de un futuro incierto, de Felipe Díaz Pardo

Fuerza activa, de Inmaculada Lerma